HISTOIRE

DE

LA VILLE D'ÉTAIN

(MEUSE),

DEPUIS SES PREMIERS TEMPS JUSQU'A NOS JOURS.

Versailles. — Imprimerie de MONTALANT-BOUGLEUX.
avenue de Sceaux, n.º 4.

HISTOIRE

DE

LA VILLE D'ÉTAIN

(MEUSE),

DEPUIS SES PREMIERS TEMPS JUSQU'A NOS JOURS.

PAR M. P., (D'ÉTAIN),

Professeur d'Histoire de l'Académie de Paris.

A VERDUN, chez M. Henriot, Libraire.
A ÉTAIN, chez M. Nicolas, Libraire.

—

1835.

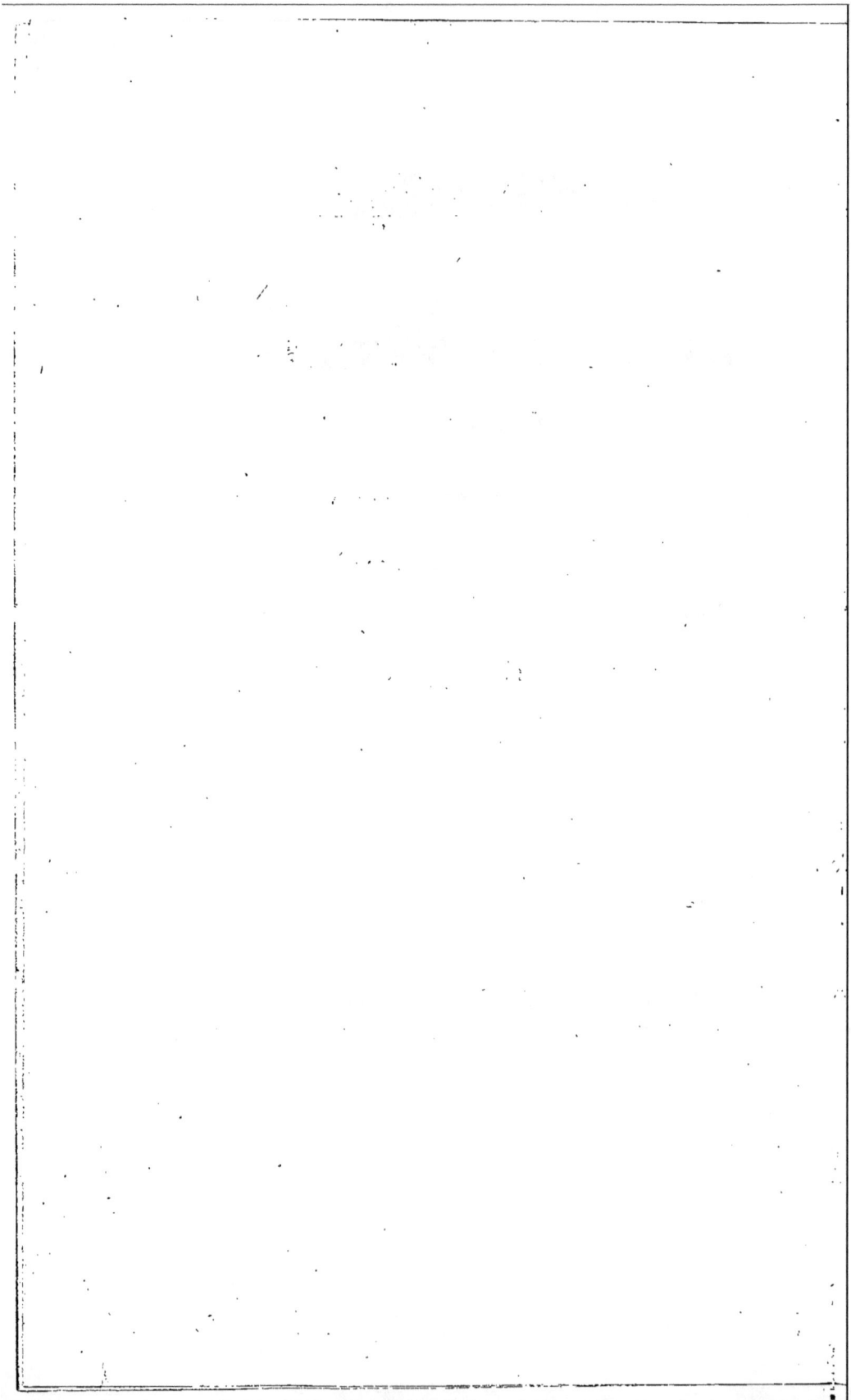

AVANT-PROPOS.

Rechercher les origines d'une bourgade ob-scure, les étudier avec sympathie, les rétablir à l'aide de quelques faits rassemblés à grande peine, nous n'ignorons pas que ce ne soit là un travail de mince valeur et d'une utilité fort contestable. Aussi nous trouverons-nous suffi-samment récompensé, si ces modestes recher-ches intéressent le petit nombre de personnes auxquelles nous les destinons, et serons-nous excusable, en tout état de cause, par le sen-timent qui nous les a dictées.

Peut être fourniront-elles deux ou trois notes

utiles à l'historien. Les moindres faits se rattachent toujours par quelques côtés à la marche générale des choses du monde ; il sont les mailles de ce vaste réseau historique qui embrasse la vie des nations, et, sous ce point de vue, nous avons puisé dans les récits inédits de quelques témoins oculaires, certains détails sur les désastres de la Lorraine, à l'époque de conquête de Louis XIII et de la guerre de trente ans dont elle fut le théâtre à plusieurs reprises, qui nous semblent propres à éclaircir quelques points de l'histoire générale du pays.

Dans le récit des actes de la période révolutionnaire, l'amour de la vérité ne nous a permis ni de taire, ni de déguiser quelques événements odieux ou ridicules qui se sont passés dans la localité ; un devoir de conscience nous y forçait et cette leçon du passé nous semblait tout-à-fait appropriée au temps où nous vivons ; mais nous n'avons jamais eu le dessein de réveiller des haines assoupies ou des partis éteints, et si nous avons ouvertement condamné les actes, le lecteur s'apercevra que nous avons toujours épargné les personnes.

Nous ne pouvons prévoir si l'on nous en saura gré, mais quoi qu'il advienne, nous sommes fort de nos intentions et cela peut nous suffire.

Il nous reste à indiquer les principaux auteurs auxquels nous avons emprunté les matériaux de cette brochure. Nous avons trouvé les origines d'Etain, dans l'*Histoire de Verdun par l'abbé Roussel*, dans *Vassebourg*, dans l'*Histoire de Lorraine de don Calmet*, dans le *Dictionnaire géographique de la Martinière*, dans les *Annales de Trèves*, etc., etc. Nous nous sommes beaucoup servi de deux manuscrits en fort mauvais état et d'une écriture presque indéchiffrable qu sont conservés à la mairie d'Étain ; le premier, d'un notaire ou tabellion, nommé Pierre Warin, qui écrivait au 17e siècle, année par année, une espèce de calendrier sur la bonté des récoltes et le prix des grains, mais entremêlé de quelques réflexions sur les souffrances du pays ; le second, est un petit manuscrit recouvert de parchemin blanc et appelé le *Blanc-livre* pour cette raison ; dans ce dernier, les maires de la ville rendaient compte de leur gestion et des évènements qui en avaient rendu l'exercice pénible ou facile. Il s'étend de l'année 1543 jusqu'au commencement du 18.ᵉ siècle, que cette louable coutume se perdit.

La fin du 18.ᵉ siècle et sur-tout les faits de la révolution nous été ont fournis par les registres de délibération de la commune; nous les avons complétés par les souvenirs des personnes âgées et par les traditions locales que nous n'avons admises qu'avec la plus grande défiance et toutes les fois seulement qu'elles servaient à éclaircir ou à confirmer un fait déjà consigné dans les sources authentiques où nous puisions.

Nous nous sommes, en un mot, imposé le même devoir de scrupuleux examen et de recherches minutieuses pour ce petit écrit, que nous l'aurions fait pour des travaux plus sérieux et plus importants.

NOTICE HISTORIQUE

SUR

LA VILLE D'ÉTAIN

(MEUSE),

DEPUIS SES PREMIERS TEMPS JUSQU'A NOS JOURS.

CHAPITRE PREMIER.

Aspect du canton d'Étain au temps de la conquête romaine. — Possesseurs de cette Ville jusqu'à l'époque de la révolution de 1789.

CETTE portion de la première Belgique, dont la cité des Verdunois était la capitale, et qui forma plus tard le diocèse ecclésiastique de Verdun, a été presque omise par les géographes romains. Ils n'ont pas daigné en nommer les habitants, et le nom de *Verodunum* paraît pour la première fois dans l'Itinéraire d'Antonin, qui inscrit cette ville sur la route militaire de *Durocorum* (Reims) à *Divodurum* (Metz).

La cité des Verdunois, *Civitas Verodunensium*, est

1

ensuite nommée dans la Notice des Gaules qui fut
dressée, selon l'opinion commune, sous l'empereur
Théodose II, dans le courant du cinquième siècle.

Mais la ville des Verdunois portait un autre nom
que tous les géographes de cette époque ont omis de
citer. Les chronologistes de Verdun, et entre autres
Hugues de Flavigny, disent qu'on nommait ancien-
nement Verdun : *Clabia* ou *Claboa*, et parfois *Urbs
Clavorum*, la ville des Claves.

Dès l'an 346, plus d'un siècle avant la Notice, saint
Saintin, évêque de Verdun, souscrivait au concile de
Cologne, *Episcopus urbis Clavorum*, évêque de la ville
des Claves.

Sigebert de Gemblours, en l'an 1047, donne pareillement à Verdun le nom d'*Urbs Clavorum*. De Thou
paraît avoir adopté cette opinion, en écrivant *Virdu-
num, in Sclabis*, Verdun, chez les Sclabes; enfin, une
pièce de monnaie extrêmement rare, que nous avons
eue sous les yeux (*), ne laisse plus aucun doute sur
cet objet : Verdun y est nommée *Urbs Clavia*.

C'est donc par un contre-sens puéril que l'annaliste
Laurent de Liége, le savant don Calmet et quelques
autres ont traduit *Urbs Clavorum*, par « la ville des
clous »; prétendant, les uns que les habitants excellaient

(*) Cette curieuse monnaie est dans la collection de M. de Saul-
cy, lieutenant d'artillerie à Metz, et numismate très distingué.

dans le commerce des clous; les autres, qu'ils avaient entrelacé leurs murailles de pointes de fer; ou qu'ils fabriquaient eux-mêmes leurs fers de flèches; ou qu'ils parsemaient de clous les portes de leur ville, afin que la hache des assaillants ne pût les rompre, etc.

La racine *Claw* (*) semble du reste faire partie des langues germaniques. Dans le courant du onzième siècle, les Saxons donnaient encore le nom de *Claw* à une certaine mesure de terre.

Les habitants de la province de Verdun portèrent donc le nom primitif de *Clavi*, et il nous a semblé utile d'entrer en matière par le rétablissement de cette dénomination oubliée ou méconnue.

C'est dans un des *pagi* du territoire de Verdun, le *pagus Vabrensis* ou pays de Woivre, à quatre lieues vers l'est de sa métropole, qu'est assise près de la rivière d'Ornes, dont la source n'est qu'à trois lieues de là, la petite ville d'ESTAIN ou ÉTAIN, objet de nos recherches.

La plaine des environs d'Étain semble avoir bien changé depuis la conquête romaine. Ce pays plat et bas était entrecoupé d'étangs nombreux et de marécages profonds, et couvert de ces épaisses forêts de chênes, à travers lesquelles les soldats romains se frayaient un chemin à coups de hache.

(*) *Gloss. Cangii, voce* clawa.

Au défaut d'autres preuves, l'étymologie des noms de lieux, seul guide que nous ayons, suffirait pour nous l'apprendre.

Le mot Estain, *Stagnum*, signifie un étang. Il en reste en effet un grand nombre dans les environs, sans compter ceux qui ont été desséchés (*). Les étangs de Bloucq et d'Amelle, qui se communiquaient, inondaient alors périodiquement la plaine d'Étain, où les eaux pénétraient sans obstacle. Mais à une époque que nous ignorons, les habitants du pays mirent fin à ces débordements annuels par l'établissement d'une digue ou bloc (Bloucq), qui assainit les campagnes voisines.

Quant aux noms d'Ornes, d'Ornelle; de Tilly, *Tilliacum;* de Rouvres, *Robores*, les chênes, ils nous prouvent suffisamment que la contrée était couverte de bois qui entretenaient l'humidité du sol, et descendaient de tous côtés jusqu'à la rivière dont ils cachaient les eaux dans leur ombre. Sous l'influence de la civilisation romaine, il se défrichait d'espace en espace quelques lambeaux de terre dans l'épaisseur des bois; quelques côteaux s'étaient découverts et montrés au soleil. Ainsi une faible population s'était groupée autour de l'autel d'Hermès ou Mercure, à la place duquel s'éleva plus tard une église chrétienne, et avait formé le hameau d'Herméville; la ferme de *Frumisiacum,* Fromezey, ainsi nommée de sa fertilité en blés, sub-

(*) Celui de Rosa, par exemple.

sistait ainsi que *Bona Villa*, le bon finage, ou Boin-ville, entre l'étable aux moutons, *Lanifero*, Lanhères, et l'étable aux bœufs, *Busiacum*, Bouzey ou Buzy.

Quelques cabanes habitées par de pauvres laboureurs et pêcheurs, éparpillées dans cette plaine marécageuse à gauche de la rivière d'Ornes ; telle pouvait être la bourgade d'Étain dans ces siècles obscurs.

Les habitants du pays étaient de race gauloise et semblent avoir été peu modifiés par les flots répétés des invasions germaniques. De nos jours encore, on retrouve dans les habitants de la ville, et sur-tout de la campagne, ce type commun nouvellement découvert qui semble avoir caractérisé la race des Gaëls (*).

Cependant, à l'apparition bizarre sur un seul finage, au-dessous d'Étain, de plusieurs noms d'étymologie allemande au milieu de tous les autres noms d'origine romaine, latine ou celtique, nous serions fondé à croire qu'une petite bande de conquérants germains s'établit sur la rivière d'Ornes à une époque ignorée, et forma le village de Warcq (1).

Mais nous avons hâte de sortir des époques conjec-turales pour entrer dans l'histoire écrite. Estain, dès

(*) On doit beaucoup de vues toutes nouvelles sur les races primitives des Gaules, au docteur Edwards, membre de l'Aca-démie des sciences morales et politiques. Ce sont ses aperçus qui m'ont guidé sur cet objet.

la fin du VIII.ᵉ siècle avait une existence positive et des maîtres de sang gaulois.

Le gouverneur de Verdun, Mactigisilus, était alors seigneur d'Étain (700). Un neveu de sa femme Helcia, nommé Berthalamius, obtint l'évêché de Verdun en 709, à l'aide de leurs sollicitations auprès de Grimoald, fils de Pépin de Herstall. Peu après, par esprit de pénitence, ils firent don à l'église de Verdun des bans d'Étain, de Fromezey et de deux fiefs, l'un à Tilly, l'autre à la Maison-de-Pierre, *Casam Petriam,* aujourd'hui Casse-Pierre ou Chasse-Pierre (*).

D'un autre côté, les bourgades d'Étain et de Fromezey, au temps du partage des terres de la conquête par les rois Francs, avaient déjà été données à l'archevêché de Trèves. Elles se trouvaient peut-être comprises dans une charte du roi Dagobert I.ᵉʳ, qui céda en 634, à Motoalde, archevêque de Trèves, une foule de villes et de châteaux (**). Il paraît cependant que les nobles gaulois les avaient conservées et que la donation jusqu'alors avait été éludée par ceux-ci. Quoi qu'il en soit, dès l'an 707, la 12.ᵉ année de Childebert III roi d'Austrasie, Ludwin, archevêque de Trèves, transmit ses droits sur la ville d'Étain au couvent de Saint-Eu-

(*) *Stagnum, Frumisiacum, Tilliacum, Casampetriam.* (Bertharius.)

(**) Brouver. *Annal. Trevir.* l. 7, p. 351.

chaire de Trèves, par une charte qui nous a été conservée (*).

A cette époque de confusion générale, premier résultat de la conquête germanique, les terres et les populations esclaves appartenaient ainsi à plusieurs à la fois et restaient en définitive au plus fort. Étain, plus à portée de l'église de Verdun, resta en sa possession pendant quelques années.

Lorsque Charles-Martel, duc d'Austrasie, qui luttait à la fois au nord et au midi, contre les Saxons et les Sarrasins, se fut mis à dépouiller les églises pour payer ses soldats dont il faisait indifféremment des évêques et des abbés, l'église de Verdun fut ruinée et persécutée.

Le comte de Verdun Anselin, guerrier farouche qui s'était fait tonsurer, voulait être évêque malgré l'opposition du clergé et l'élection d'Agronius (**). Pour vaincre la résistance des clercs, il saisit tous les revenus de cette église, viola les lieux saints et fit massacrer plusieurs prêtres au pied des autels. Au milieu de ces cruels débats, d'autres officiers austrasiens se jetèrent sur les terres de l'évêché et s'emparèrent de l'abbaye de Beaulieu en Argonne, d'Etain, Merlé, Tilly, Cassepierre, et de plusieurs autres.

(*) Cette charte était au Chapitre de la Madeleine de Verdun, d'où elle a été transférée, en 1686, au greffe de la Chambre des Comptes de Metz.

(**) Vassebourg, fol. 128.

Elles furent bientôt restituées à l'église de Verdun. Saint Magdalvé, successeur d'Agronius, ayant contribué aux états de Soissons (752), à l'élection de Pepin-le-Bref, chef de la deuxième dynastie, il en fut récompensé par ce prince dont il était parent. Pepin lui fit remettre toutes les terres usurpées et en outre le dédommagea des pertes de son église en y ajoutant les terres de Warnoncourt (peut-être Baroncourt), Wanau, Rembercourt (*), et plusieurs autres. Le prêtre Berthaire affirme avoir vu les chartes de ces donations dans les archives de la cathédrale de Verdun que l'incendie détruisit de son temps (IX.ᵉ siècle).

Mais à la mort de saint Magdalvé (765), l'église de Verdun, gouvernée par un Chor-Evêque ou suffragant, étant restée douze ans sans premier pasteur, perdit de nouveau l'abbaye de Beaulieu en Argonne et les terres d'Etain, de Tilly, de Merle, etc. Les officiers de Charles Martel prétendirent faire revivre les donations de ce prince que saint Magdalvé avait fait casser; sur ces entrefaites l'abbé et les moines de Saint-Euchaire de Trèves intervinrent en produisant la donation oubliée de l'archevêque Ludwin (**), et vinrent à bout d'annuler celle de Mactigisile et d'Helcia au profit de l'église de Verdun.

(*) *Warnunci curtis, Vasnaum Ramisbatium.* Berthar. Hug. Flaviniac.

(**) *Annal. Trevir.*

A partir de cette époque les moines de Saint-Euchaire possédèrent le fief d'Etain sans interruption
jusqu'en 1221, qu'ils l'échangèrent avec le chapître de
Sainte-Madeleine de Verdun contre la ville de Macke-
ren, dont la situation au bord de la Moselle et plus
près d'eux était bien plus à leur convenance. Théodoric
de Wède, archevêque de Trèves, et son chapître con-
sentirent à cet échange.

L'abbé de Saint-Euchaire ayant envoyé ordre aux
juges et aux habitants d'Étain de reconnaître à l'avenir
pour seigneurs les chanoines de la Madeleine, ceux-
ci ne purent jouir paisiblement de leur nouvelle ac-
quisition. Ils furent troublés par Henry, comte de Bar,
qui, on ne sait sur quels fondements, prétendait avoir
des droits sur Etain. Les chanoines transigèrent avec
lui en 1224, et lui cédèrent la propriété de la ville
d'Etain et ses dépendances, mais ils se réservèrent le
patronage de l'église, les dîmes, les terrages ou cham-
parts, avec un droit d'usage dans les bois de la seigneurie et à la charge que le comte de Bar ne pourrait
transmettre Etain qu'à ses successeurs, comtes de Bar
ou de Briey. Mais le chapître s'étant plaint d'avoir été
lésé, le comte fit un nouvel accommodement en 1228,
par lequel il faisait aux chanoines de plus grands
avantages.

Les comtes de Bar firent d'Etain une des sept prévôtés du Barrois non mouvant, et le chapître de la

Madeleine continua à y lever la dîme jusqu'à l'époque de la révolution.

Les comtes de Bar usèrent de leur domaine d'Etain comme on le voit dès 1308.

En cette année, Edouard, comte de Bar, uni à l'évêque de Metz, son oncle, ayant été battu et fait prisonnier par Thiebault, duc de Lorraine, se racheta après six ans de dure captivité en payant 90,000 francs barrois au duc Thiebaut, et en cédant au comte de Blamont, son ennemi, les villages de Bertramesnil, d'Espiennes ou Piennes, et en outre 300 livrées de terres dans son domaine d'Estain.

En 1399, Robert, duc de Bar, sur le point d'envoyer Edouard, son fils aîné, à la cour de France, et voulant qu'il y fît bonne figure et un mariage avantageux, l'investit, en lui passant au doigt son anneau d'or, du marquisat de Pont-à-Mousson et de plusieurs fiefs qui en dépendaient, parmi lesquels la chatellenie d'Etain.

Par le mariage de René d'Anjou duc de Bar avec Isabelle fille de Charles II (1418), le Barrois fut réuni à la Lorraine et suivit le sort de cette province conquise par la France au XVII.e siècle et rendue à Léopold par le traité de Riswick.

Au moment de la réunion du Barrois et de la Lorraine (1431), Adolphe de Berg qui avait des prétentions sur le Barrois du chef d'Yolande la jeune, sa mère, et voyait avec douleur le duché de Bar passer dans la maison d'Anjou, leva quelques troupes, s'empara des châteaux de Pierre-Pont et de Sancy, passa au fil de l'épée la garnison de Briey et se présenta devant Etain dont il se rendit maître ; mais cette occupation fut de courte durée, et Adolphe, arrêté par la garnison de Longwy, expia son entreprise aventureuse dans une étroite prison à Nancy, d'où il ne sortit après deux ans qu'en renonçant à toutes ses prétentions sur le duché de Bar.

L'occupation d'Etain dans le même siècle par Charles-le-Téméraire, duc de Bourgogne, fut aussi passagère, et la mort de ce prince, tué devant Nancy par René II (1477), y mit promptement fin.

CHAPITRE II.

Organisation de la Commune. — Mairie. — Éche-vins. — Fortifications. — Impôts. — Finage, etc.

A partir du onzième siècle la petite communauté d'Etain, cachée derrière sa haute muraille, eut quelque répit et vécut de sa vie propre, au milieu de tant d'autres individualités de tout genre qui constituaient le caractère de l'époque. Une sécurité toute nouvelle lui permit d'acquérir quelques franchises et quelque bien-être. La coutume de Saint-Mihiel qu'elle adopta lui fit une législation et des libertés, mais de ces libertés inégales entre les membres d'une même commune, choquantes, incomplètes, et fondées sur un privilége aveugle comme toutes les libertés du moyen-âge (*).

Il y eut en conséquence deux classes de bourgeois:

(*) Tout ce chapitre a été construit avec quelques indications du *Blanc-Livre*. Ms.

les hauts et les petits bourgeois. Le droit de bourgeoisie était concentré dans quarante familles appelées
à cette faveur par un pur hasard de naissance. Elles
avaient en partage tous les bénéfices de la commune,
mais portaient aussi les plus fortes charges. Les quarante choisissaient le majeur ou maire et les échevins,
administraient les biens communaux, avaient les grades
dans les escouades de la milice et les offices de re-
ceveurs de tous les impôts.

Les petits bourgeois, presque tous artisans, n'étaient
attachés à la commune que par la protection qu'elle
leur donnait, en échange de laquelle ils concouraient
à sa défense en cas d'attaque.

Ils ne pouvaient entrer dans la classe privilégiée que
par de rares élections, quand un bourgeois mourait
sans héritier de son droit ou renonçait à la bourgeoisie ;
alors les quarante se complétaient par une élection.

La charge de majeur ou maire durait une année ;
elle était élective, et la coutume exigeait que le maire
de l'année précédente devînt le lieutenant de son successeur. Les fonctions du lieutenant étaient identiques
à celles de nos adjoints ; mais celles du maire étaient
fort étendues. Il avait dans ses attributions le jugement
des affaires civiles et foncières et les disputes « ou batitures où il n'y avait affaire de punition corporelle », la
taxe du pain, le commandement de la milice communale et les clefs de la ville qui lui furent souvent dispu-

tées par les prévôts. Il s'occupait, en un mot, de tout ce qui avait trait à la salubrité ou à la sûreté publique, à la garde des portes, à ce que les remparts fussent en bon état, etc.

L'office de maire était à peu près gratuit et incompatible avec toute autre charge de finance. Mais, d'après les anciennes chartes, il avait le droit de pêcher deux fois l'an dans la rivière quand bon lui semblait ; en outre il recevait un gros d'arrhe sur la vente de chaque queue de vin et quelques autres menus droits sur différents objets.

Les échevins de justice nommés aussi compagnons de justice, étaient au nombre de six, sans y comprendre leur doyen. Ils composaient le conseil de la commune et jugeaient certaines affaires d'intérêt public. Trois d'entre eux sortaient de charge tous les ans. Ceux qui restaient étaient appelés les *vieux de justice*, et les nouveaux élus les *jeunes de justice*. On les prenait d'ordinaire parmi ceux qui avaient été maires de la ville.

Les échevins étaient les gardiens des chartes et contrats de la ville, qu'on enfermait soigneusement dans un coffre appelé *arche ;* de là ils prenaient le titre de chefs-d'arche.

Les nouveaux échevins prêtaient serment avant d'entrer en fonctions, et donnaient au maire et à leurs collègues six banquets par six semaines de suite, ainsi qu'il résulte de l'extrait suivant du manuscrit conservé à la

mairie d'Étain, et appelé le *Blanc-Livre* : « Jacques
« Mimy, Gérard Quioult et François Ladoucette, jeunes
« de justice, firent leur entrée par un cadeau de cou-
« tume, d'un chapon au maire et à chacun des
« vieux de justice un chapon, et firent leurs repas très
« proprement et honnêtement suivant les anciennes
« coutumes, par trois lundi après Noël, et trois lundi
« après, leurs autres banquets de Chefs-d'Arche, le
« maire, suivant ladite coutume, donna deux chapons
« pour les manger à son logis (1574). »

Le premier conseil communal qu'il soit possible de
retrouver remonte à l'an 1543 ; il était ainsi composé :

Claudin Grandjean, maire.

Gérard Rampont, lieutenant.

Les six échevins étaient : Marc-Adrien Simon, Jacques Quioult, Gérard Copin, Jacques Ladouscet, Jean
de Lorme, Jean le Brasseur et Jean Quioult, doyen.

DU PRÉVOT.

Le Prévôt, officier du bailly de Saint-Mihiel, éten-
dait sa juridiction sur toute la prévôté, où il entretenait
le bon ordre, nommait les officiers et jugeait les affaires
criminelles. Il eut souvent de violents démêlés avec le
maire, sous prétexte que les affaires dépassant dix livres étaient de son ressort ; mais il fut sans cesse débouté de ses prétentions. Cette querelle renouvelée

par les officiers du prévôt, en 1567, fut terminée par le duc Charles, qui confirma les bourgeois dans la possession de tous leurs priviléges. Dans l'enceinte de la ville il connaissait « de toutes batitures appelées délits où il y avait coups d'épées, d'épieus, de dagues et pistolets, dont la matière requiert guérison et médicament. » Ce réglement de juridiction fut déposé dans l'arche en 1574. Il y eut aussi de vives luttes pour les clefs de la ville entre lui et le maire, dont nous parlerons en leur lieu.

LES IMPÔTS.

Les impôts levés sur les bourgeois étaient fort nombreux ; les principaux étaient :

1.° Le droit de recette pour son Altesse ;

2.° La Gabelle ;

3.° Les Aides de Saint-Remy ;

4.° Les Droits de Justice pour la garde des portes ;

5.° Les Corvées pour la ville et les Corvées pour le Bailliage ;

6.° La taxe jetée sur les Conduits ;

7.° La Dîme levée pour Messieurs de la Madeleine ;

8.° Les Bienvenues.

1.° La Gabelle, impôt sur le sel, était affermée à l'un des bourgeois ; elle rapporta 100 fr. en 1544, et 280 fr. en 1551 ; mais on fit une remise à Didier Bourgeois, à cause des pertes que lui avait fait éprouver la gendar-merie de Henri II; plus tard elle alla jusqu'à 300 fr. et même davantage.

Les Aides de Saint-Rémy étaient une contribution ainsi nommée parce qu'elle se payait le jour de Saint-Rémy, après les récoltes; elles furent de 200 florins en 1579.

Les Droits de Justice, pour la Garde des portes, étaient un octroi au bénéfice de la commune. La Porte *en haut* fut admodiée à 126 fr., et la Porte *en bas* à 93 fr. en 1628.

Les dîmes pour Messieurs du Chapitre de la Made-leine, seigneurs d'Étain, s'élevaient sur la fin du XVIII.e siècle à quatre ou cinq mille livres; mais là-dessus les chanoines entretenaient l'église et payaient le curé.

La taxe jetée sur les conduits fut établie en 1432 pour racheter le bon roi René de captivité; c'est la première taxe permanente qui fut levée sur la Lorraine et le Barrois. Il y avait à Étain, en 1585, cent quatre-vingt-dix-neuf conduits, qui produisaient 195 fr. 3 gros.

Enfin, les bien-venues, quoique non obligatoires, n'étaient pas moins fort onéreuses. Soit que le Bailly fît son entrée ou son départ, qu'il visitât la ville ou qu'on lui demandât quelques grâces, la coutume était de lui faire quelque riche présent. En 1543, le Bailly de Saint-Mihiel reçut une bien-venue de 100 francs. A son en-trée à Étain, en 1572, il fut défrayé aux frais des bour-

2

geois et reçut deux gobelets d'argent ; en 1578, on lui
envoya pour ses étrennes deux pièces de vin de Bar ;
la fille de M. de Lenoncourt eut en don, en 1584, une
aiguière d'argent doré valant six vingts francs. En 1590,
par le moyen de deux petits gobelets d'argent, le bailly
de Saint-Mihiel s'arrangea si bien qu'on n'eut pas de
garnison, etc.

Nous ne parlons pas des bien-venues extraordinaires
offertes aux rois, princes et princesses à leur passage.

Il y avait en outre des taxes momentanées en sus des
impôts habituels.

De 1532 à 1534 on leva une taille, appelée *Lands-
frit*, pour faire la guerre aux Turcs.

En 1590 les États votèrent à Nancy 1,200,000 fr.
pour payer l'armée. On leva à cet effet quatre écus sur
tout ménage qui pouvait boire du vin.

FINAGE ET BOIS COMMUNAUX.

Le finage était terminé vers l'Est par les deux Behaut, terres incultes et couvertes d'épines, bien plus
étendues qu'elles ne le sont aujourd'hui.

Les habitants de Rouvres, au défaut de limites fixes,
défrichaient souvent des pièces de terres dans les
deux cantons qui faisaient partie du ban d'Étain, ce
qui occasionnait de vives contestations, et plus d'une
fois les habitants de la ville vinrent moissonner des

champs qu'ils n'avaient pas semés (1582). Les haies épaisses et les épines de Behaut ayant été coupées, elles furent vendues (1602) cinquante francs au profit de la ville. Les habitants conservèrent long-temps la faculté de défricher et jardiner les bois communaux, d'en arracher les chênes; ce droit, un instant contesté par le maire, fut maintenu aux habitants par le duc Charles III (1566).

Cependant on sentit le besoin de créer deux forestiers et gardiens du finage (1544), et deux hauts bourgeois furent chargés, à tour de rôle, de cet office gratuit. Personne ne pouvait se faire exempter de cette charge.

En 1564, Jehan-Françoiz Petit, un des quarante dont le tour était venu d'être forestier et garde de la fin, s'y refusa, alléguant qu'il était arbalétrier juré et retenu pour le service de S. A. le duc Charles III; mais il fut débouté de son opposition, forcé de prêter serment et de faire le service de forestier toute son année comme de coutume (*).

DES FORTIFICATIONS.

C'est après les dévastations horribles commises par les Normands et les Hongrois, dans le comté de Verdun, au X.ᵉ siècle (936) ou tout au plus dans le XI.ᵉ,

(*) *Blanc-Livre*, Ms. ann. 1464.

que les habitants songèrent à entourer leurs habitations d'un fossé et d'un mur d'enceinte. Les désordres sans nombre de l'anarchie féodale, forçaient alors toute bourgade à se mettre en état de défense ; les plus simples villages, les abbayes, les maisons isolées même avaient alors des retranchements et des palissades. De distance en distance le long du rempart s'élevaient des tours de diverses formes au nombre de treize ou quatorze. Chacune des quatre portes était surmontée et défendue par une tour quadrangulaire dont le premier étage servait de corps de garde ou de prison, mais celle de la porte *à la Vaux*, était moins élevée que les autres ; les autres tours portaient différents noms, c'étaient *la Tour des Prêtres*, *le Moulin à Vent*, *le Tonneau*, *la Tour Mohaine*, *la Tour Jean Thierry*, etc.

Enfin le *Colombier*, grosse tour carrée sur piliers, que les anciens de la ville ont pu voir puisqu'elle subsistait encore en 1777, était tout-à-fait séparée de la ville, à l'extrémité de la rue des Tanneries et non loin de la rivière.

Plusieurs villes du Barrois avaient de ces tours isolées, hors des villes, où les assiégés pressés pouvaient se réfugier quand la retraite leur était coupée. C'est dans une tour de ce genre, près de Gondrecourt que fut pris et décapité en 1368, le baron des Armoises dont la chronique de Metz en vers dit :

Le sire Collart des Armoises
Ne beut plus ni vin, ni cervoises,
Renonçea aux armes et espée
Et puis eut la tête coupée.

Toutes ces fortifications furent rasées en 1635, par ordre de Louis XIII, en même temps que celles de deux cents autres villes de Lorraine. On douterait même aujourd'hui que la ville d'Etain ait jamais été environnée de murailles s'il ne restait un pan de rempart qui soutient le jardin de la maison de cure du côté de la rivière. Le chemin de ronde tracé sur le bord extérieur des fossés, subsiste encore en partie, sur-tout depuis la porte *à la Vaux*, en allant vers le pont, et delà en regagnant la porte à Warcq par la rue des Tanneries. Mais de l'autre côté de la ville, le chemin qui règne aujourd'hui est à quelque distance de l'ancien fossé qui passait au travers des jardins. Le petit cul-de-sac de la porte *en Haut* formait la ruelle intérieure de l'ancien rempart.

L'entretien des fortifications était aux frais des bourgeois, mais la noblesse et le clergé se cotisaient quelquefois pour les aider. En 1546 un pan de murailles fut élevé depuis la Tour des Prêtres jusqu'à l'autre tour. MM. de la Madeleine permirent cet ouvrage en qualité de seigneurs d'Etain, et quatre bourgeois le dirigèrent : Didier Constant, Jehan Poinsin, Jacques

Quioult et Gérard Rampont. La dépense ayant été de 400 francs, la moitié fut payée par les deux ordres privilégiés, chaque prêtre donnant quatre gros et chaque gentilhomme un gros.

Les villages de la prévôté et ceux des terres du chapître furent mis en corvée pour charrier les pierres au pied du mur, et entre autres les bans de Foameix, d'Hermeville, de Warcq et de Boinville.

En 1578 on perça une cinquième porte du côté de Morat pour servir à l'abreuvoir des chevaux. Cette porte, qui existait précédemment, avait été murée par Perin de Watronville, bailly de Saint-Mihiel.

Quelques réparations furent ensuite faites (1590) au rempart et au fossé. Jean Remoiville ayant empiété de quatre à cinq pieds en bâtissant sur la rue Jean Thierry, le long du rempart, conserva son usurpation moyennant une somme de 36 francs, payés à la commune (1579). Mais le Maire fit démolir la maison de Jean Rougeai qui avait enfoncé des pièces de bois dans la muraille, et y avait appuyé sa maison (1582). C'était assez l'habitude des hauts bourgeois de se loger près du rempart, d'où ils pouvaient surveiller la campagne.

La ruelle derrière la muraille où les Jehan Poinsin, père et fils, qui furent tous deux maires de la ville au XVI.ᵉ siècle, avaient leur logis, a conservé leur nom jusqu'au temps où nous sommes.

Les derniers ouvrages entrepris pour la défense de la ville datent de 1629. On bâtit une console toute en pierres de Châtillon à la tour de la porte *en Bas*, du côté de la montée; et du côté de l'église on fit un nécessaire à la même tour, et un autre à la porte *à la Vaux*. Une montée fut aussi pratiquée derrière la tour pour aller sur la muraille, et un percement fut établi au-dessous pour y mettre deux portes.

La Halle était d'abord vers la porte *en Haut;* elle fut démolie en 1618, et la nouvelle placée près de la fontaine. Les bourgeois se réunissaient dessous les dimanches entre les offices pour causer des affaires de la commune, et y faisaient leurs élections le jour de la Pentecôte : les laveuses, dans la semaine, y faisaient sécher leur linge.

La rivière d'Ornes était fort poissonneuse au XVIe siècle et se louait fort cher. Hubert Perin la prit à 32 francs en 1564, somme qui était ainsi répartie : 10 francs pour le vin bu au moment de l'adjudication, 7 francs pour la ville, 4 pour le Maire à cause de son droit de pêche, et les 11 francs restant au profit des bourgeois. Il était complètement défendu d'y pêcher au harnais dormant ni au grand hessipet sous peine de 5 francs d'amende, dont un tiers pour celui qui faisait le rapport et les deux autres tiers pour entretenir le luminaire de l'église. Les bourgeois, suivant la coutume, avaient la permission d'y pêcher de petits

póissons à la ligne, mais seulement trois fois la semaine.

L'église, au XVI.ᵉ et au XVII.ᵉ siècle, était une sorte
de château-fort où la population de la ville et même
celle des villages voisins se réfugiaient en cas d'alerte.
Le cimetière, lui-même, était entouré d'une haute
muraille que l'ennemi osait rarement violer; on y enfermait le bétail pendant que le peuple se cachait dans
la nef. Les murailles du cimetière furent réparées dans
cette vue à plusieurs reprises, mais selon toute proba-
bilité son étendue était plus considérable qu'aujour-
d'hui; la petite loge en pierre du jardin de M. Ganot
qui s'avance le long de la rue Royale formait peut-être
l'angle méridionale de l'ancien cimetière au XVI.ᵉ siècle; cependant nous n'oserions l'affirmer quoique l'ex-
haussement du jardin et de la maison se prêtent natu-
rellement à cette conjecture.

Le cimetière, de l'ombre de l'église sous laquelle il
était couché, fut transféré au-delà du pont, le 10 mai
1793. On vendit à l'encan les pierres des anciennes
tombes et les pierres des nouvelles purent être enle-
vées par chaque famille. On choisit pour le nouveau
cimetière l'emplacement d'un jardin où les habitants
avaient coutume de danser tous les dimanches. Triste
alternative de la joie et de la douleur, et du rire si
près des larmes! beaucoup de ceux qui s'y étaient
abandonnés aux folâtres plaisirs de la danse s'y sont

couchés silencieusement dans la tombe, et cet asyle du dernier sommeil porte à l'ame une idée plus profondément triste par le choc de sentiments contraires qu'inspire son nom qu'il a gardé de *Jardin qu'on danse.*

CHAPITRE III.

Histoire du Cardinal Huin. — Fondation du chœur de l'église.

Il est aujourd'hui démontré que l'organisation ecclésiastique fut calquée sur l'organisation civile des provinces romaines. Chaque cité eut un évêque et le territoire de la cité forma le diocèse. Les *Pagi* à leur tour imaginés par les barbares pour la distribution du sol de la conquête, formèrent dans l'ordre religieux en plusieurs endroits des archidiaconats. Ainsi de même que la cité de Verdun, avait le *pagus Agonensis* ou pays d'Argonne, le *pagus Wabrensis* ou pays de Woivre, et d'autres encore, l'évêché eut l'archidiaconat du pays de Woivre, et celui du pays d'Argonne.

Les archidiaconats étaient à leur tour partagés en doyennés, et les doyennés en simples cures 'et chapelles; mais ces dernières divisions n'avaient pas été

empruntées à l'ordre civil, elles étaient purement ecclé-
siastiques.

Étain, principale bourgade de l'archidiaconat de
Woivre, n'était au XV.ᵉ siècle et dans les suivants
qu'une simple cure du doyenné d'Amelle.

Amelle était en effet d'une bien plus grande importance aux yeux du culte. Dès l'an 960, la comtesse
Heldigonde, du pays de Woivre, y avait fondé un
prieuré où devaient être douze chanoines. En 982,
Conrad, seigneur d'Amelle, et petit-fils de la fonda-
trice, ayant été blessé à mort un peu avant la bataille
de Basantello en Calabre, fit signe qu'il allait faire un
testament militaire et leva la main au ciel. Alors en
présence de l'armée allemande et de l'empereur Othon
II, qu'il prit pour exécuteur testamentaire, il légua
verbalement tout ce qu'il possédait à Amelle aux moines
de l'abbaye de Gorze.

Une partie des terres et des prés de l'étang furent
vendus par l'abbé de Gorze, en 1292. Le prieuré fut
sécularisé en 1572 aux prières du cardinal de Lorraine
et l'on y mit des chanoines; mais ils ne reçurent que
deux parties des revenus; une troisième fut destinée à
la fondation de la primatiale de Nancy (1603), et la
quatrième aux jésuites de Pont-à-Mousson, qui s'y
arrondirent depuis, jouissant de l'église, des dîmes,
de plusieurs fiefs voisins et de la haute justice dans
l'endroit.

Mais au XV.ᵉ siècle Étain donna naissance à Guillaume Huin (*) qui joua un rôle important dans les
affaires du temps, et dont la vie se rattache à notre récit.

Guillaume Huin (*Hugonis* fils de Hugues) brilla tout
jeune dans l'étude des lettres sacrées et profanes. Il
prit le double grade de docteur en droit civil et en
droit canon. Son mérite s'étant répandu dans le pays,
il fut élu archidiacre de la rivière à Verdun, et archidiacre princier de Metz.

Des dissensions s'étant élevées entre les chanoines
de la cathédrale de Verdun et Louis de Haraucourt,
(6) évêque souverain du diocèse, que sa naissance il-
lustre venait d'élever à cette haute dignité, une affaire
particulière mêla l'archidiacre à ces brouilleries. Guillaume Huin fréquentait la maison d'une dame de la
ville dont l'évêque était passionnément épris ; transporté d'une fureur jalouse, il mit ses gens en embus-
cade, leur ordonna d'attendre l'archidiacre et de le
tuer. Ceux-ci se jetèrent sur lui un soir au sortir de
complies et le poursuivirent l'épée dans les reins jusqu'à la cathédrale où il n'eut que le temps de se cacher dans les cryptes. Les gens de l'évêque, furieux de
l'avoir manqué, coururent à sa maison, rompirent les
portes et les fenêtres et la dévastèrent. Ils commirent

(*) La tradition fait naître le cardinal Huin au village de
Senon, contrairement à tous les écrits.

ensuite les mêmes violences chez Jean Cornielli, ami de l'archidiacre.

Quelques jours après, Warion de Saintignon et Jacquemin de Pilon, officiers de l'évêché, se précipitèrent sur le chanoine Pierre Bernard, parent de Guillaume Huin, et l'ayant atteint au parvis de la cathédrale, ils le terrassèrent et le blessèrent grièvement à coups d'épée. Les chanoines épouvantés interrompirent l'office divin et sommèrent l'évêque qui était à Hattonchâtel, de venir réconcilier l'église ; mais Louis de Haraucourt s'y refusa sous prétexte que le sang n'ayant pas été répandu dans l'église, mais sur le seuil, les chanoines n'avaient pas eu le droit d'interrompre le service divin.

Cependant cette affaire ayant fait grand scandale dans toute la province, l'évêque envoya Henry, suffragant de Toul, pour opérer la réconciliation. Celui-ci ne fit qu'exaspérer les deux partis. Pour tirer vengeance des chanoines, il fit emprisonner un chapelain de la cathédrale, et toutes les instances pour le remettre en liberté ayant été vaines, le chapître cessa l'office une seconde fois.

Les chanoines à leur tour traitèrent l'official de l'évêque de prévaricateur, pour avoir adressé des monitions à deux curés de leur dépendance, et mirent au cachot son chancellier, coupable de quelques paroles injurieuses dans la chaleur des contestations.

Enfin les chanoines et leurs gens, sans cesse insultés par la milice de l'évêque, s'en vengèrent sur Jacquemin de Pilon, prévôt de Charny. Ils le surprirent de nuit et le laissèrent pour mort sur le carreau.

On fit des informations, et le curé de Jussey, convaincu d'avoir fait le coup, s'enfuit à Metz, auprès de l'archidiacre Huin, qui s'y était dérobé à la haine de ses ennemis.

Mais Pilon, guéri de ses blessures et soutenu de la milice de l'évêque, se joignit à plusieurs gentils-hommes des environs, coureurs et pillards comme ils étaient alors, et tous se mirent à dévaster les terres du chapître, brûlant les maisons, ruinant les églises, enlevant les troupeaux et saccageant ce qu'ils ne pouvaient emporter.

Les registres du chapître de l'an 1431 donnent un long détail des dégâts commis dans les villages de sa dépendance par les gens de Robert de Grandpré, dont la forteresse, véritable repaire de bandits, fut démolie par le roi René, deux ans après (1433), et par ceux du seigneur de Blanzey, de la Tour, d'Orne et de Marchéville.

L'évêque lui-même vint à Buzy avec des troupes aux ordres de son bailly Jehan de Landrexécourt et fit attaquer la maison forte des chanoines; mais la garnison repoussa deux fois les assiégeants et les mit en déroute.

Depuis la captivité de René d'Anjou, tombé dans les mains du duc de Bourgogne, à la bataille de Bulgnéville (1432), Louis de Haraucourt, appelé au conseil de la régente à Nancy, chercha à se rapprocher des chanoines, et fit une trève forcée avec eux. Mais la noble chevauchée du voisinage ne s'était pas mise en mouvement pour si peu. Elle ne voulut rien entendre à la trève, et continua avec la garnison de Saint-Mihiel et d'Étain, à rançonner les vassaux du chapître. Aucun chanoine n'osait plus passer les portes de Verdun, sous peine d'être dépouillé. Pour sortir de cette intolérable position, ils firent leur plainte au concile de Bâle, accusant l'évêque de pillage, violences et aliénations illégitimes des fonds de l'évêché.

L'archidiacre Huin s'y trouvait alors, et son mérite éminent lui avait fait déférer la charge de promoteur général du concile. Dans cet office il eut part à la déposition du pape Eugène IV, et s'attacha à l'anti-pape Félix V, qui le fit cardinal en 1440.

Félix s'étant accommodé avec Nicolas V, le pape confirma l'élévation de Guillaume Huin, le nomma cardinal au titre de Sainte-Sabine (19 décembre 1449). On l'appela depuis le cardinal d'Étain. Depuis cette époque il vécut presque toujours à Rome, où son expérience des affaires fut très utile à la cour pontificale. Il fut pourvu de l'évêché de Sion, auquel il renonça par la suite. On lui donna aussi l'administration de l'évêché de Frejus qu'il conserva.

Outre une pension de 400 écus sur l'abbaye de Saint-Vanne de Verdun, les chanoines dont il était le protecteur lui gardèrent sa prébende entière. Le pape l'envoya légat en Lorraine, en vertu d'une expectative, le mit en possession de l'abbaye de Saint-Vincent de Metz, à l'exclusion de Jacques Coppel, élu canoniquement en 1452; mais cette affaire ayant souffert des difficultés de la part des habitants, le cardinal d'Étain jeta sur la ville de Metz un interdit qui dura trois ans. L'église Saint-Vincent fut fermée pendant onze mois.

Il soutint toujours avec beaucoup de zèle les intérêts de l'église de Verdun, et parvint à réconcilier les chanoines avec leur évêque. La dévastation des terres du chapître avait continué jusqu'en 1439. Les garnisons de Montmédy et de Grandpré avaient pris part à la curée, et le village de Warcq entre autres ne s'était racheté du pillage qu'en payant 350 florins d'or au fameux Robert de Saarbruck, damoiseau de Commercy.

Les députés du nouvel évêque Guillaume Fillastre et du chapître, s'arrangèrent à Bâle dans la maison de Guillaume Huin (1439). L'évêque s'obligea à payer au chapître 500 florins d'or et engagea pour cette somme sa part dans la seigneurie de Buzy; il promit

— 35 —

de faire cesser les hostilités et de ne pas poursuivre le meurtrier d'un de ses gens tué à Pareid et d'un autre blessé devant la tour de Bonzey.

Le chapître de son côté acheta la paix à grosse rançon des seigneurs de Grand-Pré et de Commercy; et la duchesse de Luxembourg défendit à ses garnisons de faire des courses sur les terres de l'église de Verdun.

Le cardinal d'Etain, enrichi par ses bénéfices, fit bon emploi de ses revenus et laissa une foule de fondations pieuses. Il fit élever le chœur magnifique de l'église d'Etain, tel qu'on le voit encore aujourd'hui.

Il le fit couvrir de lames de plomb, sur chacune desquelles étaient gravés de saints personnages, et au-dessus il mit un petit clocher garni de plomb comme le reste. Des architectes vinrent exprès de Rome, par son ordre, pour diriger les travaux. Il fit mettre son portrait sculpté en pierres dans la nef et ses armes taillées sur le cœur d'une aigle de pierre (*), servant de clef de voûte. Le cardinal d'Etain voulait attacher une collégiale au baptistère de son lieu natal, mais la mort ne lui en laissa pas le temps. Son chapeau de cardinal resta suspendu dans le chœur comme pour rendre sa mémoire plus présente, pendant deux cent

(*) Ses armoiries étaient aussi gravées au-dessus d'une petite porte qui donnait du côté méridional du chœur; elles ont été brisées en 1793, mais la place est encore visible.

3

cinquante ans et tomba en poussière dans la main des dévastateurs de l'église en 1793. Les vîtres du chœur ayant été refaites en 1611, on y plaça les armes de Lorraine en verres de couleurs.

Il laissa un fonds pour entretenir cette œuvre d'art. Il se composait d'une rente en argent, de terres labourables et d'un petit *meix* (jardin) placé près des fossés de la ville vers la tour appelée le *Moulin-à-Vent* (*).

Il fit aussi commencer l'église de Senon, qui devait être fort belle; mais la mort le surprit avant son achèvement.

Il mourut à Rome le 28 octobre 1455. Pierre Barbo, cardinal de Saint-Marc, avec lequel il était intimement lié, fut son exécuteur testamentaire ; on l'enterra dans l'église de Sainte-Sabine, et cette épitaphe fut gravée sur sa tombe :

UGONIS GUILLELMUS ERAM CONSULTUS UTROQUE
JURE, SED È STAGNO VIRDUNIS NATUS IN ORIS
PRESBYTER INTACTÆ, TITULO PRÆSTANTE SABINÆ
INTER CARDINEOS DONATUS DENIQUE PATRES.

OBIIT ANNO MCCCCLV DIE XXVIII OCTOBRIS.

Le cardinal d'Etain eut deux neveux ; l'un, Beuve Huyn, fort érudit, fut fait doyen du chapître de Ver-

(*) Le capital de cette fondation a été dissipé par délibéra- du conseil municipal, le 7 novembre 1791.
(*Registre des Délibérations.*)

dun, et se retira en Cour de Rome, après la mort
de son oncle. Il y fut fort bien accueilli par le pape
Paul II. L'autre, Jacques Lothaire, fut massacré par
les échevins de Verdun pendant la tenue du concile de Bâle qui lança l'excommunication contre les
meurtriers. Mais ils en furent relevés par le pape Eugène IV, alors en hostilité ouverte avec les pères de
Bâle.

Il paraîtrait que le corps du cardinal fut ensuite
transporté à Etain comme semble l'indiquer une épitaphe incrustée dans le mur du chœur du côté de
l'épître et aujourd'hui cachée par la boiserie ; elle est
ainsi conçue.

« Cy est révérend père en Dieu, maistre Guillaume
Huin, docteur en lois et décrets, cardinal de Sainte-
Sabine, natif de cette ville, qui trépassa l'an 1456,
vigile Saint-Jude et Simon, a fait édifier cette chapelle
à l'honneur de Dieu de Saint-Jehan évangeliste et
Sainte-Katherine, laquelle est mise à l'usage du chœur
de cette paroche et est icelle de la retenue des habitants d'ici pource que qu'ils ont les héritages à cette
charge en mémoire duquel cardinal, sera célébré par
an en icelle service solemnel, pour lequel la diste ville
payera XII gros au curé et VI gros au clergié. »

Priez Dieu pour luy.

CHAPITRE IV.

Henri II devant Étain. — Séjour de Charles III, duc de Lorraine. — Première lutte entre le Maire et le Prévôt.

DEPUIS l'invasion de la Lorraine par Charles-le-Té-méraire (1476), le pays fut maintenu en paix dans les dernières années de René II, à l'exception d'une vaine expédition en Italie au service des Vénitiens et d'une guerre contre les Messins qui dura quatre ans; mais d'autres fléaux assaillirent le pays. Une famine horrible suivie de la peste fit périr le tiers des habitants.

Sous le bon duc Antoine, deux expéditions en Italie et celle contre les Rustauds d'Alsace, c'était le nom que les Lorrains donnaient aux Luthériens, furent les seules guerres qui occupèrent le pays; mais les dés-ordres sans nombre de l'anarchie, la famine, la peste renouvelèrent leurs ravages dans la province. Ce prince pacifique sut toutefois se maintenir neutre et respecté entre les ambitions rivales de Charles V et de François Ier; mais sous le petit duc Charles III, qui n'avait que trois ans à la mort de son père, Henri II roi de France, s'étant allié aux princes allemands qui voulaient secouer le joug de l'Empereur (1548), fit une invasion subite en Lorraine et s'empara à l'improviste des trois évêchés de Metz, Toul et Verdun.

Pendant que le connétable de Montmorency, entré dans Metz par surprise, sautait à la gorge des échevins qu'il avait réunis dans sa chambre sous prétexte de faire son testament et finissait la république messine à coups de poignards, la ville d'Etain était occupée par les troupes françaises (1551).

Le roi Henri étant arrivé aux environs d'Etain, y envoya un commissaire pour commander des provisions dont sa gendarmerie avait grand besoin; mais, lui-même refusa d'y entrer et se logea, avec sa compagnie, hors de la ville, dans la maison de Jean L'Ecuyer; M. le connétable se posta près du Moulin, et MM. de Vendosme et de Chatillon, avec beaucoup d'officiers, vinrent s'établir dans l'intérieur des murs, si bien qu'elle était gardée au dehors et au dedans. Quand l'armée se fut tournée vers Damvilliers dont elle fit le siège (3), les habitants continuèrent à fournir du pain et du vin pour 3,000 francs; sur quoi 600 ne leur furent pas payés.

La même année , plusieurs capitaines français se trouvèrent devant Etain comme par hasard. C'était MM. de Vieilleville et de Tavanne avec cinquante chevaux, et le capitaine Beaujoie à la tête de sa compagnie de cent dragons. Ils en agirent avec les habitants comme ils avaient fait à Metz. Ils leurs firent de belles promesses au moyen desquelles on les introduisit dans la ville sous prétexte de ramasser des provisions pour l'armée du roi. Ils visitèrent toutes les granges des laboureurs et leur prescrivirent de battre leurs gerbes pour mener des provisions au roi à Verdun.

Sur le soir, ils feignirent de déloger et sortirent des portes au son des trompettes en signe de départ ; puis tout à coup tournant bride et chargeant les gens de pied qui étaient à la porte , ils les dispersèrent avant que ceux-ci eussent pu la fermer et se rendirent les maîtres de la ville par cette trahison.

Ils y vécurent neuf semaines à discrétion aux dépens des bourgeois, et l'occupèrent huit mois au nombre de plus de quatre cents, tant maîtres que valets. Non contents d'avoir épuisé le pays de blés et enlevé de vive force les chevaux des laboureurs, ils menacèrent plusieurs fois de brûler la ville et d'en démolir les fortifications.

Ils tinrent les portes strictement fermées pendant tout un hiver, et personne ne put entrer ni sortir ; ils enlevèrent aux habitants leurs armes, arquebuses, hallebardes, épieus, épées, et les ayant remises au lieutenant du Guet, ils proclamèrent que la ville était désormais au roi de France. M. de Vendosme ayant reçu l'ordre de déloger, ils se retirèrent sans payer une obole.

L'année d'après (1552), Charles-Quint étant venu mettre le siège devant Metz, chercha à faciliter l'arrivage de ses munitions en s'emparant du château de Conflans et d'Etain ; mais nous n'avons aucun détail sur cette occupation qui cessa, sans doute, en même temps que le siège de Metz.

Le duc Charles vint ensuite avec sa femme passer un mois à Etain. Il fit sa joyeuse entrée le 12 août 1561, et fût reçu au-devant des barrières par le maire Vincent Henrion et les échevins de justice, qui lui apportaient les clefs de la ville, assistés du prévôt Robert Ancherin et de son lieutenant. On avait armé pour cette cérémonie les plus grands hommes de la prévôté. Quand le prince se fut approché, le maire lui présenta les clefs, il les reçut et incontinent les rendit en lui ordonnant d'en faire bonne garde.

Quand madame Claude de Valois, sa femme, qui suivait, fut arrivée sur le pont, elle passa sous un ciel de taffetas armoisé noir et jaune, porté par quatre des anciens de la ville : Jehan Bezon, Jacquemin Quioult, Jehan Poinsin et Gerard Brunessault, et ils l'accompagnèrent ainsi jusqu'à son logis.

Et après qu'elle fut arrivée lesdits anciens de justice
lui firent présent d'une coupe avec sa couverture entièrement dorée valant bien six vingts francs ; ladite
dame la reçut pour agréable et avec remerciements ;
après quoi les femmes de MM. les compagnons de justice
lui offrirent un plat de tartes qu'elle coupa gracieuse-
ment et distribua aux dames et demoiselles présentes.

La princesse gagna tous les cœurs pendant son sé-
jour ; et à sa mort (1574), on sonna les cloches de la
paroisse huit jours durant de trois heures en trois
heures. A celle de Charles, on les sonna pendant
douze jours.

Vers ce temps là (1568), éclatèrent les premières
contestations entre le maire et le prévôt, au sujet des
clefs de la ville. Le maire les avait toujours eues jusqu'alors, mais François de la Tour, successeur de
Robert Ancherin, ayant reçu le titre de capitaine de
la ville, ce qui n'avait jamais eu lieu, le prévôt de
Bar, qui l'installait, prit les clefs des mains du maire
Claudin Grandjean, et les lui remit en disant : « Mon-
« sieur le maire, vous avez toujours été gardien de
« ces clefs, maintenant je les prends de vos mains
« pour les remettre à François de la Tour, en per-
« sonne, et s'il est quelqu'un qui veuille y mettre em-
« pêchement qu'il le dise. »

Le maire et les échevins baissèrent la tête et gardèrent le silence.

Alors, le capitaine fit prêter serment aux portiers et leur enjoignit de lui obéir.

L'année suivante, Jehan Poinsin le jeune fut député à Nancy, où il dressa une requête pour supplier le duc Charles de rétablir les choses comme par le passé et de remettre la ville en jouissance de ses anciens droits. Sa requête fut agréée sous condition que les clefs resteraient au capitaine sa vie durant, et en son absence au maire plutôt qu'au lieutenant du prévôt. Mais la querelle n'était qu'assoupie et devait se réveiller plus vive dans le siècle suivant.

Le duc Charles vint une seconde fois à Etain (1578), accompagné d'une brillante noblesse. La plupart des bourgeois s'équipèrent militairement pour le recevoir, et le bailly de Saint-Mihiel, leur interprète, offrit à S. A. deux pièces de vin de France qu'elle reçut bénignement en disant : « Soyez-moi bons sujets et je vous serai bon prince. »

Après le duc Charles, ce fut le tour du duc de Guise le Balafré (1585); mais il ne fit que passer à Etain à la tête de trois mille lansquenets, autant de Lorrains et un renfort de trois mille reîtres qu'il venait de recevoir à Rouvroy, vers Saint-Mihiel. Son dessein était de surprendre Metz qu'il avait autrefois défendue avec tant de valeur. Les habitants prévenus, s'étant mis sur leurs gardes, il marcha sur Paris et arracha au faible Henri III ce funeste édit de Nemours, qui enlevait aux protestants toute ressource et tout moyen de défense, édit qui fit une telle impression sur Henri IV, alors prince de Béarn, que s'étant appuyé sur le coude pour méditer, quand il releva la tête la partie de sa moustache qui était sous sa main avait complètement blanchi (*).

Après les reîtres catholiques passèrent les reîtres protestants qui ravagèrent tout le pays. Du haut du donjon de Briey, on voyait à la fois le feu dans dix-sept villages qu'ils pillaient.

La princesse de Sedan qui favorisait ces troupes de bandits, auxquels elle avait donné des chefs, éprouva la vengeance du duc de Lorraine. La garnison de Jametz qui avait mis à contribution vingt-sept villages voisins fut la première assiégée (1592). Elle fit des efforts désespérés et retint les Lorrains vingt mois devant les murs. La prise de cette ville, qui n'est plus aujourd'hui qu'un village comme tant d'autres, fut compensée par la prise de Stenay que Turenne, duc de Bouillon par alliance, emporta d'assaut le propre jour de ses noces.

Le duc Charles accourut la reprendre. C'est à ce nouveau siège que le bailly de Saint-Mihiel, Jean de Lenoncour, grand veneur de Lorraine, menacé par son horoscope, qu'il s'était fait dire selon l'usage du temps,

(*) Mathieu, *Hist. de Henri IV*. liv. 8.

de mourir, d'un *grand mal de tête*, eut en effet la tête emportée d'un boulet de canon (*).

Pendant ces petites guerres, de Triconville prévôt d'Étain (1591), obtint la garde des portes. Il partagea la milice communale en six escouades au lieu de huit, et fit monter la garde à deux escouades par jour, si bien que le tiers des habitants était toujours sur pied.

Il fit ensuite jeter sur la ville une taille de 500 francs dont personne ne fut exempt, ni noble, ni prêtre; et le prévôt des marchands lui-même fut forcé de payer 10 écus pour lui et ses archers. Au moyen de cet impôt, Triconville éleva des retranchements hors des portes et mit des planches dessus afin d'y pouvoir passer la nuit. Il fit aussi deux arcades à la porte *en bas* pour battre sur le pont et sur les côtés.

L'année d'avant (1590), une petite tragédie avait ému toute la ville (**). Nicolas Rollin dont les bénéfices avaient doublé au bureau de la recette pour S. A., qu'il gérait, avait soulevé contre lui une basse jalousie, dont le prévôt ne fut pas exempt. Plusieurs habitants, dans la pensée de lui faire quitter sa place de finance, intriguèrent pour le faire nommer maire de la ville, sachant bien que ces deux sortes de fonctions étaient in-

(*) D. Calm. t. V, p. 317. Ms. de Pierre Warin, 1592. *Blanc-Livre*, Ms. *id.*

(**) *Blanc-Livre*. Ms. 1590.

compatibles. Rollin ayant décliné un honneur qu'il n'ambitionnait pas et refusé de prêter le serment voulu, le prévôt se hâta de le faire saisir et emprisonner. Rollin en appela au bailly de Saint-Mihiel et ensuite à la Cour des Hauts-Jours : partout il fut débouté et condamné à l'amende.

Alors, bien à contre-cœur, il quitta sa recette pour l'office de maire qu'on lui imposait, mais cette affaire doubla le nombre de ses ennemis. Quelques jours après, il se prit de dispute avec le lieutenant du prévôt à ce sujet, et le poussa à bout par la virulence de ses paroles. Le lieutenant voulut se venger. Six jours après il le frappa d'un coup de baïonnette dans le cou et, pensant l'avoir tué, s'enfuit du côté de la porte *en haut*. Nicolas Rollin demanda vainement justice de cet attentat ; quoiqu'il eut été commis en plein jour et devant plus de vingt-cinq des principaux habitants, le prévôt ne bougea point et refusa de poursuivre.

Alors Nicolas Rollin, que les lois ne pouvaient protéger, se démit de son droit de bourgeoisie, qui fut donné à Léonard Grégoire et, après son année, il se retira à Marville.

La dernière année du XVI.ᵉ siècle fut remarquable par d'excellentes vendanges, et le XVII.ᵉ siècle qui devait être si funeste à la Lorraine et à Étain particulièrement, s'ouvrit par le grand jubilé de Saint-Nicolas, où toute la Lorraine et le Barrois coururent en pèlerinage.

CHAPITRE V.

État du pays pendant le XVIIe. siècle.

LE tableau déplorable de la Lorraine au XVIIe siècle, attriste l'ame et blesse les yeux. Alors l'œuvre de
la conquête française, commencée depuis que Henri II
avait mené boire ses chevaux dans les eaux du Rhin, se
consomme dans le sang et les ruines; des armées d'Allemands, de Français, de Suédois, de Polonais, de Hongrois
et de Lorrains eux-mêmes, aussi cruels que les autres
envers leurs compatriotes, passent sans fin sur la province et la ruinent. Les villes sont démolies et incen-
diées, les campagnes dépeuplées et la famine avec la
peste détruisirent littéralement les trois quarts des habitants du pays. Trois cents villes perdirent leurs murailles; plusieurs bourgades furent démolies si complè-

tement qu'elles ont perdu jusqu'à leur nom, et que la place qu'elles occupaient est encore déserte aujourd'hui.

Cette situation effroyable épouvantait même les Français : Saint-Vincent de Paul quêtait à Paris pour les Lorrains affamés, pendant que les armées de Louis XIII dévastaient le pays; et le père Caussin, confesseur de ce prince, s'écriait douloureusement : *Sola Lotharingia Hierosolimam calamitate vincit!* La Lorraine est la seule dont les calamités aient surpassé celles de Jérusalem.

Jusqu'en 1603, la ville de Verdun avait conservé quelques priviléges particuliers; les magistrats y étaient encore élus par les bourgeois, et sous l'approbation de l'évêque, qui conservait le titre de comte souverain de la ville. Celui-ci faisait même battre monnaie, prérogative que Metz avait perdue depuis plus de cinquante ans, et les rois de France prenaient seulement le titre de protecteurs de Verdun.

Henri IV résolut cette année de compléter son pouvoir en ravissant à Verdun ces dernières marques d'indépendance. Il y mit un procureur du Roi et, des difficultés s'étant élevées pour interpréter le serment que lui prêtaient les magistrats, il fut convenu qu'on tiendrait à Étain une assemblée où seraient représentés les intérêts de la ville et de l'évêché. Le roi dépêcha à Étain Miron, président aux requêtes du Palais à Paris, qui fut le commissaire de S. M. à l'effet de terminer les contestations. Le roi écrivit même au prince Erric de Lorraine, qu'il partait pour Verdun, et le priait de terminer ce différend avant son arrivée. Nous avons copié textuellement cette lettre dans les notes (4).

L'affaire tourna à l'avantage de la France; dès 1609, l'évêque souverain céda, dans une autre entrevue à Dieulouard, son droit de battre monnaie, et Verdun perdit irrévocablement l'ombre d'indépendance qui lui restait.

Pour obtenir une entière soumission du pays, il fallait le conquérir et le ruiner.

La désolation commença en 1615, les armées étrangères sillonnèrent la province sur plusieurs points. On fit bon guet sur les remparts d'Étain, et des huit compagnies de trente-deux hommes, une veillait toutes les nuits. Mais cette fois on en fut quitte pour la peur. Pendant l'alarme, le bailly de Saint-Mihiel était parvenu à enlever au maire les clés de la ville qu'il recouvra par un décret du duc de Lorraine.

Ce fut ensuite le tour du comte Ernest de Mansfeld qui demandait passage pour son armée à travers la Lorraine, promettant de maintenir la plus exacte discipline et de payer tout ce qu'il prendrait. Le duc, pris au dépourvu et sans soldats à lui opposer, fut contraint de céder à sa demande.

Il pénétra donc dans le pays du côté de Saint-Nicolas-de-Port, passa entre Metz et Verdun, à Mars-la-Tour, Buzy, Rouvres, Amel, Eton, Senon et Vaudoncourt, en tirant vers Stenay. Il n'osa attaquer Etain où le duc de Lorraine avait envoyé le régiment du sieur de Nubécourt qui y vécut à discrétion aux dépens des bourgeois, lesquels souffrirent presque autant des Lorrains que de l'ennemi.

Quoique le duc eût fait fournir au comte de Mansfeld des vivres et des munitions, il agit partout comme à guerre ouverte, tuant devant lui tout ce qu'il rencontrait, brûlant les villages, violant et pillant, dévastant les églises et réjouissant son armée de Luthériens en exterminant les catholiques.

« *Qui plus est*, dit le manuscrit de Pierre Warin, témoin oculaire, ses soldats avaient coupé partie des grains pendants par racines tant blés que marsages, pour leur nourriture et celle de leurs chevaux qu'ils logaient ès églises et chapelles desquelles ils faisaient des écuries. »

Une partie des villages de Béchamps, Aucourt, Jeandelyze, Saint-Jean, Hennemont, Rouvres et une foule d'autres vers Stenay et sur les bords de la Meuse furent incendiés; celui de Gondrecourt en Woevre fut complètement détruit, il n'y resta pas une maison debout.

L'armée lorraine, sous le prince de Phalsbourg, bâtard du cardinal de Guise, tué à Blois, vint ensuite au nombre de sept à huit mille hommes achever la ruine du pays (1622). Ses soldats pillant le pauvre peuple comme l'ennemi sans être réprimés, et le prince s'étant logé à Etain, ce fut là qu'eurent lieu les scènes les plus affligeantes. A partir de cette année il n'y eut plus moyen de tenir à Etain les registres de l'état civil jusqu'en l'an 1666.

Les cadavres sans sépulture mirent la peste dans le pays. Une foule de personnes, tant jeunes que vieux, périrent à Etain et dans les villages d'Olley, Saint-Jean, Buzy, Béchamps, Rouvres, Lanhères, Amel, Senon et autres ; le tiers de la population succomba. Cette funeste maladie était une espèce de dyssenterie mêlée de fièvres.

La contagion reprit avec fureur l'année suivante, au moment des chaleurs, et fit périr beaucoup de monde à Briey, Longwy, Boinville, Herméville, Combles, Eton, Senon, Houdelaucourt, Circour, Gouraincourt et Arrancy.

On planta à Etain quatre poteaux au-delà des portes, avec défense aux malades de s'approcher, et la ville fut préservée de la contagion.

Mais les souffrances du pays ne devaient plus discontinuer, ce n'était là que le commencement.

Les projets de la France sur la Lorraine devinrent manifestes à tous les yeux en 1630. Charles IV, duc de Lorraine, nommé par l'Empereur Ferdinand II généralissime de la ligue catholique, commençait à déployer ce caractère aventureux qui sema sa vie de tant de traverses. Il leva dix mille hommes de pied et deux mille chevaux, qui s'établirent pendant trois mois dans la prévôté d'Etain et y commirent des exactions sans nombre.

Six compagnies du sire de Tantonville logèrent d'abord dans la ville, puis quatre du sire de Florainville. Une maladie contagieuse se joignit de nouveau à ces désastres; elle continua l'année suivante et mit en fuite une foule d'habitants.

Cependant Louis XIII qui s'était plaint (1631) que le duc de Lorraine eût accueilli Gaston d'Orléans, son frère, qui, mécontent de Richelieu, s'était retiré de la cour, saisit ce prétexte pour faire un voyage à Metz et envahir la Lorraine (1632). Il s'empara presque sans résistance de Pont-à-Mousson, Saint-Mihiel, Bar, La Chaussée, Trognon, Mars-la-Tour, Preny, et de plusieurs autres places.

Vinrent ensuite (1633) des passages continuels de troupes françaises, alliées de la Suède, qui dévastèrent la prévôté pendant que le Roi de France en personne faisait le siège de Nancy dont il s'empara le 27 septembre 1633. La prévôté d'Etain fut frappée d'une contribution forcée de 4,000 francs, dont la ville, à sa part, paya 1,188.

Tout le pays fut également occupé par les Français;

le cardinal de Lorraine et Claude, fille du duc Henri, tenus en garde à Nancy, ayant reçu l'ordre de se rendre à Paris, parvinrent à s'échapper de Nancy déguisés en vignerons, le premier jour d'avril.

Les troupes françaises eurent ainsi le *poisson d'avril* comme on le disait après leur fuite. Alors une guerre de détail, plus horrible cent fois que la grande guerre, assaillit le pays sur mille points différents.

Étain fut forcé de rendre ses armes et paya une nouvelle exaction de 5,884 fr.

Par ordre du roi, les forteresses furent démolies et rasées, les villages pris d'assaut et le peuple poussé au désespoir.

Quelques villes se révoltèrent isolément, et entre autres Boulay, Sierck et Briey, qui se mirent à faire des courses dans les trois évêchés.

Un matin, à l'ouverture des portes (13 juin 1635), les gens de Briey, prévenus que le roi avait fait des magasins de blé à Étain, pénétrèrent en armes dans la ville et emmenèrent sans obstacle de la part des habitants plus de quatre ou cinq cents muids de blé des greniers royaux. Les bourgeois d'Étain accusés d'avoir coopéré à cette équipée, s'en justifièrent mal ou ne s'en justifièrent pas du tout. Alors le prince de Condé, après avoir démoli les remparts de Boulay, chassé la garnison de Briey et rasé les fortifications, s'en vint à Étain avec toute son armée dont il accabla les habitants.

Ensuite le sieur de la Grange aux Ormes reçut l'ordre d'informer contre eux à la tête de quatre cents hommes ; les avanies ne discontinuaient plus.

Ce fut un prétexte pour le marquis des Fossés, gouverneur de Verdun, d'ordonner la démolition des murailles de la ville et des quatorze tours qui l'ornaient en même temps qu'elles la défendaient. Ce fut un véritable crève-cœur pour tous les habitants quand les premiers décombres tombèrent du haut des tours et des murailles à l'abri desquelles cette petite communauté vivait depuis si long-temps : « Chose piteuse et lamen- « table, dit le manuscrit de Pierre Warin, de voir dé- « molir de si belles tours, bâties plus de cinq cents « ans auparavant et qui avaient tant coûté. »

Un ingénieur et quatre-vingts ouvriers vinrent de Verdun pour cette besogne, et la ville paya les journées de ces manœuvres suivant la taxe fixée par le gouverneur.

C'était ainsi que la France prenait possession du pays.

Après cette démolition, une cinquantaine de coureurs bourguignons, maraudeurs du pays de Luxembourg, qui venaient faire des courses et butiner dans les villages de l'évêché de Verdun, entraient souvent à Étain sans qu'on pût les empêcher, depuis que les habitants étaient désarmés par ordre du roi. Vainement leur fermait-on les portes des deux tours qui étaient restées debout, ils pénétraient dans la ville par les ruines des autres qui étaient abattues.

D'un autre côté, les frères Seniors de Moranville, qui tenaient pour le duc de Lorraine, étaient venus armés de haches et d'autres instruments, à la tête de quelques centaines de paysans assiéger Étain par une belle nuit. Ils avaient enfoncé les portes sans que les habitants, faute d'armes, les eussent empêchés, et s'y étaient logés jusqu'au lendemain. Ils ne s'étaient ensuite retirés qu'après avoir levé une contribution.

Un jour donc ce parti de Bourguignons se trouvant aux environs d'Étain, s'était partagé en deux bandes; l'une, de trente à quarante cavaliers, était entrée par la ruine de la tour appelée le Tonneau; l'autre s'était jetée sur le ban d'Herméville où elle avait enlevé quelque bétail qu'elle ramenait à la ville. Une cinquantaine de paysans, hommes et femmes, avaient suivi les maraudeurs dans l'espoir de recouvrer leur bien, jusqu'aux portes de la ville, qui devenait ainsi un véritable repaire de voleurs. Le reste des Bourguignons, entendant le tumulte, et leurs camarades sonnant l'alarme, sortirent en foule des tavernes et montèrent à cheval de peur de surprise. Voyant la porte *en haut* fermée, ils se crurent trahis et se précipitèrent vers la porte *en bas* où étaient les gens d'Herméville, lançant des imprécations contre les bourgeois qu'ils accusaient de favoriser les pillards.

Pendant que la troupe s'esquivait en passant la rivière au-dessous du pont, les gens d'Herméville leur tirèrent quelques coups d'arquebuse qui, sans les atteindre, n'avaient fait que les disperser; mais ceux-ci s'étant ralliés derrière le moulin, retournèrent en ordre contre leurs ennemis qui prirent la fuite à travers la prairie de Morat, essayant de gagner le bois. Mais ces pauvres gens, qui étaient à pied, furent atteints par les cavaliers, et douze ou treize hommes et femmes restèrent sur la place. Ce fut au passage de la rivière vers l'endroit nommé depuis *Gué des quatre combats*, que le plus grand nombre fut massacré.

Les cavaliers rentrèrent ensuite à Étain, où ils firent quelques prisonniers d'Herméville, et entre autres le sieur de Trière.

Les habitants de la ville, qui étaient restés totalement étrangers à cette petite guerre, en furent cependant les victimes; les gens d'Herméville leur avaient juré une haine mortelle, et tous ceux des villages voisins, du chapître et de l'évêché embrassèrent aveuglément leur querelle. Il ne fut bientôt plus possible de sortir de la ville, elle était comme assiégée par les villages environnants. Toutes les fois qu'un bourgeois d'Étain s'aventurait dans la campagne, il était rançonné, pillé et souvent assommé. Les paysans s'attroupaient autour de lui et le poursuivaient comme une bête fauve.

Et comme la querelle s'envenimait de plus en plus,

plusieurs bourgeois effrayés tentèrent de se transporter avec leurs meubles à Damvillers, à Montmédy ou à Marville; mais ils n'osaient se mettre en route dans la crainte d'être rançonnés.

Cependant l'état du pays ne faisait qu'empirer. Les populations s'étant soulevées contre la France, M. de Lenoncourt se jeta dans Saint-Mihiel; mais il y fut bientôt assiégé par Louis XIII en personne (1635).

Après avoir tiré à boulets sur le carrosse royal et tué un valet à la portière, il fut contraint de céder par les bourgeois épouvantés, et se rendit; mais le roi viola indignement la capitulation; une amende de 500,000 francs fut imposée à la ville; MM. de Lenoncourt et de Marainbois furent enfermés à la Bastille, les présidents et plusieurs conseillers furent condamnés à mort exécutés en *planchette* et leurs biens confisqués.

Enfin cinq ou six cents misérables soldats lorrains, pris dans la ville, furent envoyés aux galères.

Les prévôtés du bailliage furent frappées d'énormes impositions, celles d'Étain, de Norroy-le-Sec et de Conflans furent taxées solidairement à 1,660 francs tous les cinq jours.

Mais le payement ne put se faire faute d'argent. On crut le rendre plus facile en saisissant des ôtages. Le capitaine Quarquois se fit fort d'en trouver. Il se glissa un soir à Étain, et enleva le maire avec trois des plus notables habitants qu'il traîna captifs à Saint-Mihiel.

On les relâcha toutefois par l'entremise du marquis des
Fossés, qui en écrivit au gouverneur de Saint-Mihiel.
Ils donnèrent caution et, après le premier payement,
il fallut bien accorder un délai.

Cependant les passages d'armées continuaient; c'était
au tour des Lorrains, sans que le peuple en fût plus
ménagé.

Quinze compagnies du marquis de Blainville séjour-
nèrent trois mois aux environs, et après les moissons
une dixaine de mille hommes du prince François de
Lorraine, évêque de Verdun, se répandirent dans les
prévôtés d'Étain et de Conflans, pillant et dilapidant
les grains des laboureurs, de façon que la récolte fut
perdue.

Mais les calamités précédentes n'étaient rien, com-
parées à celles qui suivirent.

Vers la Saint-Nicolas, le bruit courut que l'armée
suédoise, commandée par le prince Wismar de Saxe,
venait prendre ses quartiers d'hiver dans les prévôtés
d'Étain, de Briey, de Conflans, de Norroy-le-Sec et
dans la Woivre. On n'y voulait pas croire, et ce fut une
désolation générale quand on vit cette armée étrangère
déboucher par la route de Metz, le 20 novembre. La
moitié des habitants abandonnèrent leurs maisons et
prirent la fuite; ceux-là furent en partie dépouillés
par les bandes de voleurs que la misère générale faisait
pulluler sur toutes les routes; ceux qui demeurèrent

au logis subirent tous les outrages d'une soldatesque féroce. On les rançonnait, on les torturait avec tant de cruauté, qu'ils finissaient par s'enfuir dans les bois, où la plupart mouraient de faim et de froid. Tous les villages voisins étaient traités pareillement ; mais Étain eut le plus à souffrir ; le quartier-général y était. Les maisons ne suffisaient pas à contenir une garnison de quatre à cinq mille hommes, et cependant cette insupportable occupation dura neuf semaines. On se compta quand ils furent partis ; un quart de la population avait succombé.

Quand les habitants se mirent en route pour regagner leurs logis, les chemins étaient tellement effondrés par les pluies continuelles de l'hiver, qu'on ne pouvait aller ni venir, et les maisons étaient dans un délabrement horrible à voir, transformées en écuries, encombrées d'immondices, toutes *dérompues* (*) avec des murailles chancelantes et des toitures enfoncées. On n'eut pas le temps de les remettre en état, car le pauvre peuple n'était pas au terme de ses maux.

A peine les Suédois s'étaient éloignés, que l'armée de l'empereur allié des Lorrains pénétra dans la province, venant du Luxembourg, au nombre de 70 à 80 mille Hongrois, Croates et Polaques, et dévastant le pays sur son passage. L'incendie annonçait au loin l'ap-

(*) **Ms. de Pierre Warin.**

proche de ce nouveau fléau. Les impériaux s'avançaient donc en ramassant toutes les personnes qu'ils rencontraient, violant et massacrant les femmes, torturant les hommes pour leur extorquer de l'or ou des provisions, que les malheureux tant de fois pillés ne pouvaient trouver.

« Ceux, dit le manuscrit de Pierre Warin, qui ne
« passaient qu'au tranchant de leurs sabres estoient les
« plus heureux, au prix de ceux qu'ils pendoient,
« qu'ils brûloient, qu'ils attachoient aux arbres par les
« génitoires et qu'ils laissoient ainsi mourir suspendus
« n'ayant aucun égard à gens d'église, à hommes,
« femmes, ni vieux, ni jeunes.

« Ils restèrent environ l'espace de trois mois dans
« le pays, brûlant les bourgs et les villages, pillant les
« églises et n'ayant aucun égard à François ou Lorrains;
« tout leur était ennemi, et toutefois personne ne leur
« faisait résistance. »

Pendant les ravages de cette invasion, Étain fut complètement abandonné, et la ville resta déserte comme la plupart des bourgs et des villages. Nous ne parlerons pas de quelques brigands qui glanaient derrière l'ennemi, arrachant et ramassant ce que les impériaux avaient dédaigné, et pillant des ruines une dernière fois. On voyait ensuite ces misérables vendre à vil prix sur les marchés ce qu'ils avaient dérobé à la suite des bandes étrangères.

Le pauvre peuple s'était réfugié à Metz et à Verdun; mais on n'y recevait que les Français; les Lorrains étaient repoussés sans miséricorde, si bien qu'on les voyait périr par douzaines aux portes de ces villes impitoyables qui leur étaient fermées (*). Il y eut à la fois jusqu'à quatre ou cinq mille suppliants devant Metz (**)·

Il y avait aussi une foule de malheureux qui s'étaient cachés dans la profondeur des bois. On y trouvait parfois des familles tout entières exténuées et mortes. Un découragement complet avait brisé les ames, les calamités semblaient sans terme, et les mères éplorées, dit une tradition, levaient au ciel les mains de leurs petits enfants pour leur faire balbutier au bout de leurs prières : O mon Dieu! faites nous la grâce de nous prendre avant la fin de l'année!

La peste revint dépeupler le pays. Elle fut terrible à Verdun, à Montmédy, à Damvillers, à Marville et au bourg d'Ornes, qui était encore fortifié; elle ne fit aucun mal à Étain, parce qu'il n'y avait plus d'habitants. Le peu de blé qu'on avait semé avait été gâté par les pluies. Une famine effroyable se joignit à tant de maux et affligea la contrée pendant trois ans : on mangea des cadavres du côté des Vosges.

Il y eut des hommes tués sur les routes pour être

)*) Pierre Warin, Ms.
(**) D. Calm. t. 6.

mangés, et, ce qui est plus horrible encore, des mères se nourrirent de leurs propres enfants. Un dernier trait fera connaître l'état du pays. Le coadjuteur de l'abbaye de Longeville trouva dans l'ombre la femme de son cocher qui dévorait le corps de son mari mort de faim la veille (*).

C'est alors que le pays se ressentit de l'inépuisable charité de saint Vincent de Paul. Pendant que les armées françaises ravageaient la province, lui quêtait à Paris pour les pauvres Lorrains qui mouraient de faim, et il parvint à leur faire passer la somme énorme de plus d'un million de francs; l'évêché de Verdun se ressentit sur-tout de ses bienfaits.

Cependant les trois quarts de la population périrent et l'aspect du pays était horrible aux yeux. Partout des villages inhabités, incendiés. Dans certaines communes de plus de cent feux, il y avait à peine sept ou huit habitants de reste au milieu des ruines. Une foule d'habitations et de fermes isolées embellissaient la campagne autour d'Étain, elles furent complètement ruinées et disparurent. C'est alors que fut rasé le village de Surville, entre Warcq et Saint-Maurice, dont il ne reste plus la moindre trace aujourd'hui. L'automne arrivait; point de bras, point de bétail pour labourer, point de grains pour semer; force fut de

(*) D. Calm. t. 6. p. 151.

laisser le terrain inculte. On vit le curé d'un village près de Saint-Mihiel, s'atteler lui-même à la charrue pour engager le peu de paroissiens qui lui restaient à suivre son exemple (*).

Enfin plusieurs garnisons s'étaient enfermées dans certains châteaux tels que Fléville, Gondrecourt, Bouvigny, Tichemont, et par leurs courses mettaient obstacle à tout allégement.

La guerre d'escarmouches et d'embuscades continuait néanmoins. Les pillages et les avanies n'avaient jamais été plus fréquents. Les Français ayant occupé les châteaux de Villoine, Morvaulx, Chavencey et Yvoi qu'ils ruinèrent, leurs coureurs ne laissaient rien dans tout le pays.

A Étain les travaux de démolition des tours avaient été interrompus depuis l'arrivée du marquis de Blainville avec son régiment, et le mur d'enceinte qu'on avait reçu l'ordre de détruire ne fut que peu endommagé.

Le maréchal de Chatillon, étant venu assiéger Damvillers (1657), établit promptement des tranchées, fit jouer la mine et pratiqua une large brèche ; mais quand on fut près de livrer l'assaut, la garnison capitula et obtint de sortir avec armes et bagages. La ville était pleine de ruines, la cloche abattue et la toiture de l'église enfoncée.

(*) D. Calm. t. 6. p. 152.

Trois villes seulement (1639) tenaient encore pour Charles IV, Valdrevange, Sierck et Longwy. Une défaite du marquis de Feuquières, gouverneur de Verdun, battu devant Thionville par le général Piccolomini le jeune, rétablit l'autorité du duc Charles dans quelques autres places. Piccolomini enleva avec rapidité aux Français les châteaux de Sancy de Bouvigny de Gondrecourt et de Mangiennes ; ce dernier fort fut livré aux flammes, et à la prise de Bouvigny, le gouverneur fut pendu à la porte de son château.

Le marquis de Chatillon reconquit Yvoi, et la ville fut complètement rasée, même l'église. Les Français qui l'ont rebâti lui ont imposé le nom de Carignan. Le château de Sancy repris par les Français (1640), fut ruiné jusqu'aux fondements.

De 1636 à 1639 la Lorraine perdit plus de six cent mille ames ; les villageois, faute de bétail, cultivaient leurs terres à la bêche ou s'attelaient eux-mêmes à la charrue.

Le duc Charles s'arrangea cependant avec le roi de France (1641) et conclut le traité onéreux qu'on appela dans le pays *la petite paix.* Ce fut alors qu'il revint en Lorraine, et passa par Bar en allant à Épinal. Les habitants firent éclater leur joie unanime à la vue du prince qui leur avait tant fait de mal involontairement ; on se rendait en procession sur son passage, la croix et les dais en tête. Il y eut même un curé qui y vint avec le Saint-Sacrement; mais le duc descendit de cheval et le reconduisit jusqu'à l'église.

Cependant les déprédations des gens de guerre n'avaient pas cessé, et Charles ayant protesté contre l'arrangement qu'il avait souscrit de force, la guerre recommença.

Bitche, Valdrévange et Sierck qu'il tenait encore, tombèrent successivement aux mains de la France, dans l'année même de la mort du cardinal de Richelieu (1643). La Mothe et Longwy furent ses dernières retraites.

Des logements de gens de guerre trop longs à énumérer ne cessèrent pas d'accabler la ville d'Étain où quelques habitants dispersés s'étaient rassemblés, et des troupes de pillards de désoler les campagnes.

Le siège de la Mothe (1645) fut ensuite entrepris. La place se défendit avec une vigueur extraordinaire. Il semblait qu'elle retînt les derniers soupirs de l'indépendance lorraine; c'était au moins son dernier boulevard qui tombait. Le comte de Choiseul, son premier gouverneur, fut tué sur le rempart d'un coup de canon; Magalotti, général des assiégeants, périt aussi devant la place. Le commandant Cliquot continua ensuite cette lutte désespérée, et capitula sur les ruines de la forteresse. Il obtint tous les honneurs de la guerre, sortit de la place en armes, mêches allumées, balles en bouche, au son d'une musique militaire et accompagné de deux canons. La garnison se retira à Longwy, dernière ville de Charles IV. Les Français tirèrent vengeance sur la ville de la vigoureuse défense des assiégés, en la démolissant si entièrement qu'elle a disparu de la carte, et qu'on ne trouve plus sur la montagne qu'elle occupait un seul pan de mur, ou même un tas de décombres pour indiquer la place où elle était.

Les passages ruineux ne discontinuèrent pas jusqu'après le traité des Pyrénées (1659), pour lequel on fit des feux de joie et l'on chanta des *Te deum* dans toute la Lorraine.

Les principaux corps de troupes qui dévastèrent nos environs vers ces derniers temps, et que nous indiquerons seulement, furent 1.° l'armée du maréchal de Turenne (1647), dont les coureurs pillaient à douze lieues à la ronde de Saint-Laurent, son quartier-général ; 2.° les troupes suédoises du maréchal Rose, campé au même Saint-Laurent (1649); trois cents Allemands partirent d'Étain pour les y rejoindre ; 3.° toute l'armée du maréchal de La Ferté, logée à Étain (2 novembre); 4.° Dix jours après, toute l'armée suédoise qui mit en fuite une seconde fois les habitants de la ville. Le village de Marchéville épargné jusqu'alors, fut détruit; 5.° enfin le pays fut de nouveau bouleversé (1650) par l'armée des princes de Lorraine, mais surtout vers Stenay et Montmédy, tandis que les troupes du roi de France, logées à Étain, y rançonnaient sans relâche et sans pitié.

L'armée de Lorraine, commandée par M. de Lignéville, eut quelques succès du côté des Vosges en 1650. Elle prit Remiremont, Épinal, Châtel-sur-Moselle, Neufchâteau et Bar; mais elle perdit tous ces avantage par la défaite que lui fit essuyer Turenne vers la ville de Rhétel.

Plusieurs châteaux, et entre autres celui de Conflans en Jarnisy, furent cependant conquis encore une fois par les Lorrains, et les prévôtés voisines mises à contribution et à corvées pour relever ses murailles; celle d'Étain, entre autres, ne fut pas ménagée; mais à peine l'ouvrage était fait que Conflans fut repris et démoli : il ne s'est pas relevé depuis.

Rien ne saurait peindre en cette année la dépopulation et la misère des villes et des campagnes. L'année 1651 avait été stérile, et les laboureurs, loin de pouvoir payer l'impôt, étaient en proie à la famine; le peu de bétail qu'ils avaient était saisi, les prisons étaient pleines d'insolvables. A Étain, sur cinq cents familles environ qui existaient avant la guerre, il restait à peine cinquante habitants, et ce nombre devait encore diminuer. Aucun espoir ne s'offrait d'un meilleur avenir, et ce débris de population, épuisé par les exactions de tout genre, payait à la fois des impositions dans quatre villes différentes, à Damvillers, à Verdun, à Saint-Mihiel et à Mussy près de Longwion, sans compter les avanies des gens de guerre. Ces der-

5

nières seulement s'élevèrent jusqu'à 12,500 francs en 1652.

Dès le mois de février de l'année suivante, les princes lorrains reconquirent le château d'Ornes, près d'Étain. Une foule de villageois qui s'y étaient réfugiés avec leurs biens, ne purent rien sauver du pillage. Les soldats mirent le feu à quelques maisons abandonnées qui le communiquèrent au reste.

Une garnison établie en ce lieu, intercepta bientôt toutes les routes de l'évêché de Verdun. Quelques jours après, l'armée lorraine traversa Étain suivie de bagages et de blessés dans un état pitoyable. Elle pilla la ville, brûla ce qu'elle ne pouvait emporter, démolit les maisons tellement qu'à son départ il n'en restait pas une en bon état.

Heureusement que le cimetière et l'église où les habitants s'étaient réfugiés furent respectés par les soldats.

Cette armée, en passant, mit la peste dans le pays.

En novembre, ce fut le tour du prince de Wurtemberg, qui entra à Étain avec vingt mille hommes, et enleva aux habitants tous les grains de l'année, les fourrages et les chevaux.

L'église fut de nouveau l'asyle des gens de la commune, qui s'y enfermèrent avec leurs meubles et leur bétail.

Étain fut encore foulé par le marquis de Fabert,

gouverneur de Sedan, qui lui imposa d'énormes contributions comme il venait de Saint-Supplet où il avait incendié l'église, dans laquelle plus de quarante personnes avaient été brûlées vives (1653) (*).

De là le marquis de Fabert alla mettre le siège devant Stenay; le roi s'y trouva en personne, et la ville fut prise sur M. de Chemilly, gouverneur pour le prince de Condé alors en guerre avec la cour. Pendant ce temps-là, Clermont en Argonne tombait aussi aux mains des Français, et Marville, long-temps neutre, recevait garnison. Mais les Français furent chassés de devant Mussy qui se maintenait toujours pour le duc Charles.

Les garnisons de plusieurs villes vinrent en force reconnaître Mussy, en 1655; mais elles se retirèrent non sans quelques pertes, et entre autres du sieur de Marolle, gouverneur de Thionville, que les assiégés tuèrent d'un coup de canon.

Étain subit ensuite une occupation de deux compagnies d'Irlandais au service de la France en quartier d'hiver. Ces troupes furent remplacées par d'autres compagnies françaises (1656) qui, craignant quelque surprise dans une ville ouverte, et la contenance sombre des bourgeois poussés au désespoir, songèrent à se fortifier. Elles s'enfermèrent dans une grosse maison

(*) Ms. de Pierre Warin.

près de la porte *en Bas*, l'entourèrent d'une muraille de quatre ou cinq pieds de haut, doublée de palissades, le tout aux frais des habitants, et n'en sortirent que pour se rendre au siège de Valenciennes où le maréchal de La Ferté se laissa prendre par don Juan d'Autriche. Mais la ville n'eut pas le temps de respirer, et ces troupes n'étaient pas parties que deux compagnies des sieurs de la Mothe et de Champenois vinrent les remplacer.

CHAPITRE VI.

Résistance à l'oppression de la France. — Entrée de Louis XIV à Étain.

Au moment où la paix après laquelle le pays soupirait depuis trente ans, allait être conclue par le traité des Pyrénées (1659), les bourgeois d'Étain, ruinés par tant d'avanies et réduits à quarante familles, furent contraints de lutter pour la défense des franchises de la commune, et leur noble résistance fut couronnée d'un plein succès.

A la question des clefs de la ville dont un prévôt nommé par la France voulait s'emparer, vint se joindre celle de la libre élection du maire. En dépit des anciennes coutumes cet office venait d'être vendu.

Le jour de la Pentecôte (1658), après la messe paroissiale, Jacques Lemagnier, dernier maire, fit sonner

la cloche pour avertir les bourgeois qu'on allait procé-
der, suivant l'usage, à l'élection d'un maire. Ceux-ci
se portèrent en foule de l'église sous la halle et se dis-
posaient à faire un choix, quand tout à coup survint
François Remoiville, l'aîné, qui avait acheté la charge
de maire et avait obtenu ses provisions du roi, maître
alors de la Lorraine, lesquelles avaient été entérinées
à Nancy le 26 mars 1658.

S'avançant aussitôt devant l'assemblée, Remoiville
protesta hautement contre l'acte illégal qui allait s'ac-
complir.

De leur côté, les bourgeois protestèrent que l'office de maire n'avait jamais été vénal et devait être
donné aux voix. Malgré l'opposition du prétendu maire,
l'assemblée n'en tint compte, choisit les échevins de
justice, et prit pour nouveau maire Jean Remoiville, le jeune.

Deux fois déjà, celui-ci avait rempli cette fonction
aux époques les plus désastreuses, et avait fait preuve
d'une grande fermeté et d'un sang-froid imperturbable.
Quand il fut question de prêter le serment accoutumé,
les officiers du prévôt Richard, qui avaient le mot,
se refusèrent à le recevoir; alors, sur l'avis du nouveau
maire, la communauté décida sans désemparer qu'on
se passerait d'eux et que Remoiville jurerait dans les
mains de son propre lieutenant Jacques Lemagnier : ce
qui fut exécuté.

Nicolas Richard suscita mille difficultés à l'élu des habitants. Il s'était fait donner le titre de capitaine et, dès l'année d'avant il avait intenté un procès à la commune pour obtenir les clefs de la ville, commander la garde, ôter aux échevins la connaissance de toute affaire dépassant dix francs, taxer le pain, le vin, etc.

De grosses sommes avaient déjà été dépensées par les bourgeois pour se défendre, quand, à l'aide de fausses suppliques fournies au nom des habitants qui n'en avaient pas même entendu parler, le prévôt obtint contre la commune une condamnation prononcée le 28 mars 1658.

La ville se pourvut devant l'intendant et députa à Nancy deux échevins, Pierre Russe et Jean Lavignon, pour dévoiler la fourbe; mais Nicolas Richard mit la main sur les deux envoyés et les retînt prisonniers sous prétexte de payer la contribution de la ville. Il ne les lâcha qu'après leur avoir arraché une partie de la somme réclamée, et après une détention de vingt-trois jours.

Dans l'intervalle, le prévôt en se remuant, obtint de l'intendant un décret pour faire exécuter l'arrêt en sa forme et teneur, que les clefs lui seraient remises et les habitants contraints de céder par toutes voies raisonnables.

Ce nouveau décret signifié au maire et aux échevins les trouva intraitables. Façonnés à toutes les souffrances depuis si long-temps, ils s'étaient fait une habitude de persévérance dont toutes les traverses de Richard ne purent les faire départir, et ils restèrent en possession des clefs et de leurs priviléges.

Rien ne put calmer le prévôt désappointé. Il courut à Nancy, et porta plainte devant l'intendant contre les bourgeois qui refusaient d'obéir à son commandement, réclamant main-forte pour le faire exécuter. Nouveau décret du 15 juin qui met Richard en possession des droits de sa charge, donne main-forte contre le maire et les échevins, et permet, en cas de refus, d'employer la contrainte.

Une requête est adressée en même temps au sieur Lamberty, gouverneur de Longwy, de fournir des soldats au prévôt, et Jean Remoiville est assigné à comparaître à Nancy pour se justifier.

Le maire et les échevins tinrent bon; mais le 11 juillet, le sieur de la Coste, enseigne la garnison de Longwy et quatorze soldats sont mis par Lamberty à la disposition du prévôt. En l'absence de Nicolas Richard qui était à Verdun, les bourgeois refusent de les loger; les soldats l'ayant fait prévenir, passent la nuit dans une taverne.

Le lendemain Richard envoie le sergent Simon Gillet, l'enseigne Lacoste et ses hommes au logis de Remoiville, le jeune, lui intimant au nom du roi, de satisfaire aux ordonnances de l'intendant.

Le brave Remoiville leur dit sans s'émouvoir :

« Je veux conserver les droits de la commune à mes
« successeurs; je ne rendrai jamais les clefs au sieur
« Richard, s'il a la force en main je ne peux l'empê-
« cher de les prendre; mais je n'y consentirai point. »

Alors Remoiville ayant été saisi par les soldats, fut
jeté dans le cachot de la tour de la Porte *en Bas*. Les
échevins Nicolas de Jarny, le jeune, Nicolas Lavignon,
Jacques Huet et Jean Vignot se laissèrent aussi prendre
et emmener en prison bien résolus de ne pas fléchir.

Les soldats furent ensuite logés chez les prisonniers
pour y vivre à leurs frais. On en mit cinq chez Pierre
Russe qui n'avait pu être saisi parce qu'il était absent.

Le prévôt fit ensuite faire des recherches dans la
maison du maire, et trouva les clefs dont il s'empara.
Il destitua le portier Dennery, fit prêter serment à
Gérard Collin, nouveau portier qu'il installa, lui en-
joignant de suivre ses ordres pour ouvrir et fermer les
portes.

A cette nouvelle, Remoiville écrivit de son cachot
un billet de soumission dans lequel, toutefois, il ne
laissait pas d'en appeler au conseil privé, des violences
exercées sur sa personne. A l'heure même il sortit de
prison ainsi que les quatre échevins et renouvela ses
protestations chez le sergent Gillet, en présence des
soldats, qui de là retournèrent à Longwy,

Mais le billet du maire n'était qu'une ruse pour être

rendu à la liberté, et Remoiville ne se tenait pas pour battu. Sur le soir il rassemble les principaux bourgeois dans sa maison et se plaint vivement devant eux de la violation des droits de la commune et de la manière illégale dont le prévôt s'est saisi les clefs de la ville. Il affirme qu'il est aussi légitime de les reprendre à son portier que de les avoir obtenus en violant la maison du maire : il n'en fallut pas davantage.

Les bourgeois, animés par ces paroles, se décident à ressaisir leurs clefs sans délai, et tous sur les pas du maire et des échevins se dirigent en foule vers la porte *en Bas*, où était le concierge Gerard Collin.

Le maire lui ordonne de fermer la porte sur-le-champ et de lui remettre les clefs. Le portier stupéfait obéit sans résistance, et court chez le prévôt lui raconter ce qui vient d'avoir lieu.

Les plans de Richard étaient renversés de rechef ; il envoie un nouveau procès-verbal à Nancy, reçoit l'ordre de se mettre en possession des clefs, et essuie de la part du maire un nouveau refus. Les bourgeois donnent même à Remoiville une procuration générale pour défendre leurs droits. Elle fut signée presqu'à l'unanimité. Le prévôt de son côté rédigea en sa faveur une autre procuration qui reçut la signature d'un petit nombre de ses créatures et de quelques gens timides qui, ne voulant mécontenter personne, les avaient signées toutes les deux.

Malgré tant d'acharnement de la part du prévôt, les clefs restèrent au maire jusqu'au temps des quartiers d'hiver. Le 23 décembre, deux compagnies du maréchal de La Ferté, commandées par les capitaines Raillac et de Rosière, arrivèrent à Étain. L'un d'eux s'adressant aux bourgeois, demanda la maison du maire. Ceux-ci indiquèrent Jean Remoiville le jeune; mais le prévôt Richard qui survint leur affirma que le véritable maire était Remoiville l'aîné, établi par finances et par ordre du roi. Les bourgeois de se récrier qu'ils ne voulaient point d'autre maire que celui qu'ils avaient choisi.

Alors les capitaines, refusant d'entrer dans la querelle, s'adressèrent au maire reconnu par les bourgeois auquel ils remirent les ordres du marquis de La Ferté.

Le prévôt, sans lâcher prise, voulut faire signer les billets de logement à son maire; mais les bourgeois déclarèrent tout d'une voix qu'ils n'en recevraient que de Jean Remoiville. Richard se décida enfin par l'entremise des deux capitaines, à entrer en arrangement. Il obtint les clefs de la ville qui lui furent ôtées peu après, mais le maire conserva le commandement et la garde des portes, sa juridiction civile, et les bourgeois continuèrent à élire leur maire tous les ans jusqu'à l'an 1707, que le duc Léopold mit en finances les charges de la Lorraine.

Cependant les tribulations de Jean Remoiville n'étaient point finies. Sa fermeté devait être mise à une dernière épreuve.

C'était la coutume des capitaines, en quartier d'hiver, de rançonner le pauvre peuple. Ils avaient réglé la contribution forcée de la ville à un demi-écu blanc par jour à chaque capitaine et trente pistoles pour droit de commandant, dont quinze avaient déjà été payées. Sur ces entrefaites, survint une ordonnance du maréchal de La Ferté, qui défendait aux troupes de rien prendre aux habitants au-delà de leur nourriture.

Les deux capitaines ne voulurent pas moins rançonner comme de coutume; mais Jean Remoiville s'opposa à tout payement. Ils vinrent en armes chez lui réclamer la contribution forcée; il leur réitéra nettement son refus. Pour vaincre sa résistance, ils le garottèrent et le descendirent dans une cave humide, sans nourriture, sans paille même pour se coucher.

Ils s'emparèrent aussi de Pierre Russe et de François de Jarny, les deux échevins les plus récalcitrants, et retinrent dans leur corps-de-garde.

Ensuite ils fermèrent les portes de la ville et firent défense d'en sortir dans la crainte que les réclamations des bourgeois n'arrivassent aux oreilles des chefs. Mais on jeta une plainte par dessus le rempart qu'un homme de Boinville ramassa et se chargea de porter au maréchal.

Au bout de deux jours, les capitaines n'apercevant

aucuu signe de faiblesse dans leurs prisonniers, s'en allèrent trouver Remoiville, dans l'espoir qu'il serait plus traitable.

« Plutôt pourir dans ce cachot, s'écria le brave maire, que de rien prendre aux bourgeois pour vous donner au-delà des ordonnances. »

Ne pouvant rien en tirer, les capitaines avisèrent un autre moyen. Ils assemblèrent les bourgeois et les engagèrent à contribuer volontairement pour délivrer leurs magistrats Ceux-ci cédèrent à condition que les villages de la prévôté se cotiseraient de leur côté ; mais les maires des environs, convoqués pour le lendemain, refusèrent de venir à Étain. Force fut alors aux bourgeois de s'engager pour une somme de huit cents francs. On ne put la trouver dans Étain, tant la ville était pauvre. On donna une procuration à Jean Remoiville pour l'aller emprunter à Verdun.

Mais à son retour, au moment où la somme allait être comptée, la réponse du maréchal de La Ferté arriva. Il témoignait la plus vive indignation contre les capitaines qui avaient méconnu ses ordres, et promettait d'en faire justice. Rassuré par cette réponse, le maire, au lieu de porter la somme convenue, vint à la tête de toute la commune signifier ouvertement aux deux capitaines la réponse du maréchal. Ils furent atterrés; un d'eux courut à Nancy pour l'apaiser, et peu de temps après ils quittèrent la ville frustrés de la proie qu'ils avaient convoitée. Aussi retinrent-ils pour se venger, pendant plus d'une semaine deux chariots à quatre chevaux qu'ils avaient pris pour transporter leurs bagages.

Tel était cependant l'état de la ville, on y comptait au plus quarante habitants, sur dix maisons. Il y en avait à peine une de logeable; cependant la commune paya cette année (1658) seize mille cinq cents vingt-un francs, tandis que la recette de compte de la ville n'avait été que de six mille trois cents quarante-deux francs. D'un autre côté la recette du quartier d'hiver s'éleva à 16,578 francs 8 gros, la dépense à 19,938 francs 1 gros; si bien que les deux recettes de l'année s'élevaient à 22,918 francs, tandis que la dépense totale fut de 26,750 francs 6 gros.

On ne saurait dire comment cette poignée de pauvres bourgeois parvinrent à payer cette somme énorme.

Cependant les prévôts n'avaient pas renoncé à posséder les clefs de la ville, et la querelle se renouvela au passage de la princesse de Sainte-Croix à Etain (1661). Les jeunes gens s'en allèrent l'attendre dans les trous de Longeaw et firent des décharges d'arquebuses à son passage.

Les bourgeois, commandés par le maire, le sieur de Jarny, s'assemblèrent en un bataillon à la porte *en Haut*. Le sieur de Sainte-Croix, nouveau capitaine et prévôt d'Étain, étant venu d'après les ordres de la princesse, à ce qu'il disait, réclamer les clefs pour les lui présenter ; on le repoussa.

Il voulait aussi ranger les bourgeois en ordre de bataille ; mais il ne put se faire obéir ; ils ne voulurent être commandés que par le maire, et se mirent à huer le prévôt qui, en se retirant, aperçut les clefs de la ville posées sur un pilier de la muraille dans un petit bassin en attendant la princesse. Il les saisit et reçut de nouvelles huées pendant qu'il s'enfuyait à cheval.

Quand M.me de Sainte-Croix se présenta à la porte de la ville, le maire, au milieu de sa harangue, se plaignit vivement de l'audace du prévôt qui fut contraint de rendre les clefs à l'heure même.

On conduisit ensuite la princesse au logis préparé avec de belles décharges d'arquebuses. Le lendemain on en fit de nouvelles pendant qu'elle sortait de la messe et d'autres encore au premier pont, et enfin au pont de Chasson, où les jeunes gens l'attendaient pour le dernier salut.

En 1662 le duc Charles IV établit un grand bailliage à Étain. Il fut composé des prévôtés d'Étain, d'Arrancy, de Longwyon, de Longwy et du ban de Buzy. Charles de Thomesson, seigneur de Remenoncourt, fut le premier bailli et gouverneur d'Étain. Il tint sa séance d'ouverture le 7 janvier 1662. Le bailliage de Briey fut créé dans la même année et comprenait les prévôtés de Sancy de Norroy-le-Sec et de Conflans.

Étain , comme le reste de la Lorraine, étant resté à la France de 1670 à 1698, Louis XIV qui voulait rétablir les fortifications de Nancy, mit sur Étain une imposition de guerre de 2,400 francs et força les habitants de lui fournir cent chars de foin, quatre-vingts résals d'avoine et deux cent quarante palissades rachetables à 26 gros, aux frais de la ville et des prévôtés. Cette contribution dura plusieurs années; le duc de Lorraine parut vers Longwy avec une armée d'Allelemands et Croates en 1677. Les habitants furent saisis de frayeur et s'enfuirent à Metz et à Verdun; mais on eut soin de relever les murailles du cimetière et d'y mettre des portes solides pour y renfermer le bétail. Tel était l'état des choses; les ducs de Lorraine, devenus comme étrangers, faisaient fuir leurs sujets à leur approche.

Vers le même temps l'intendant de Nancy fit connaître à la commune que Louis XIV passerait à Étain le 10 mai, et ordonna de mettre les chemins en bon état et sur-tout la ville, d'enlever les fumiers et les boues croupissantes, d'élargir les passages étroits des rues et de démolir tout ce qui gênait la circulation.

Après délibération de la communauté, il fut convenu que les habitants se partageraient en huit escouades dont deux seraient chaque jour au travail. Cela dura dix jours ainsi; mais comme la besogne n'avançait guère et que le jour approchait, toute la ville se mit à l'œuvre fêtes et dimanches, hommes et femmes, tant pour enlever les fumiers et les boues dont on transporta plus de dix mille chars, que pour remplir la rue du pavé de *chalin*, et de pierres depuis le haut jusqu'en bas, où l'on jeta bien aussi dix mille chars de remplissage; ce qui fait connaître l'état de propreté et d'entretien des rues de la ville à cette époque.

Ces travaux occupèrent tellement les habitants, que les terres restèrent sans être versées.

Cependant la Pentecôte approchait, et le roi, dont le voyage était retardé de dix jours n'arrivait pas. Le maire Jean Ganot ne put rendre ses comptes la veille de la fête, et les élections n'eurent pas lieu.

Le roi fit enfin son entrée à Étain le lendemain de la Pentecôte à deux heures après midi, avec une suite magnifique. Il descendit dans la maison des sieurs de Rancé et Hallot qui communiquaient ensemble par une balustrade en bois jetée au-dessus de la rue le Loup (*), au premier étage. Après son dîner, ledit maire et quelques-uns des échevins furent admis à faire la révérence par une profonde génuflexion au Roi dans son appartement, et lui témoignèrent par ce profond respect *l'honneur, la joie et le plaisir* que toute la ville recevait par la présence de S. M.; à quoi aussi le roi témoigna être satisfait par un signe et abaissement

(*) Tradit. local.

6

de tête qu'il fit, et un regard tout-à-fait agréable (*).

C'est le Blanc-Livre qui retrace ainsi l'audience du roi! Un signe de tête silencieux et un regard de Louis XIV, signe de tête qu'on a pris soin de nous transmettre avec des expressions d'emphase, tant la royauté était grande alors et majestueuse; voilà ce qui mit en émoi tous les cœurs et donna tant de satisfaction aux habitants!

Le roi alla ensuite chasser dans les blés où il tua quelques cailles. M. le dauphin rapporta de son côté quelque gibier des alentours du Haut-Bois.

Le lendemain le roi entendit la messe aux capucins et donna à la quête une poignée de louis d'or.

Il partit ensuite pour Longwy et de là à Luxembourg. Il regagna le gîte d'Étain l'avant-veille du Saint-Sacrement; mais s'étant exercé sept heures durant à chasser dans la campagne, il n'entra qu'au soleil couchant. Cette fois il tua dix-sept cailles.

Le jour après, le roi entendit la messe dans la grande église avec toute la cour. Ce fut un aubaine de vingt-trois louis d'or à la quête, et madame de Maintenon y ajouta une belle chasuble et un devant d'autel.

Après le départ du roi, Jean Ganot rendit les comptes de son année et Nicolas Ganot fut élu maire à sa place.

La fin du siècle n'est plus marquée que par les ar-

(*) Blanc-Livre. Ms. an 1679.

moiries données à la ville d'Étain (1699) à propos des funérailles de Charles V mort en pays étranger. Le duc Léopold ayant fait rapporter son corps aux cordeliers de Nancy, on lui fit une pompe funèbre à laquelle durent se trouver deux députés de chaque prévôté portant les armes de leur ville ; celles qui n'en avaient pas en reçurent. Étain eut pour blason trois pots d'argent aux anses contournées sur champ de gueules.

CHAPITRE VII.

État de la ville pendant le XVIII.ᵉ siècle. — Établissements de François Verdun.

A mesure qu'on s'approche de notre temps les individualités provinciales s'effacent, les coutumes s'éteignent, la vie propre des localités se perd dans la vie commune de la nation. Rien ne saurait échapper à cette loi uniforme. Depuis le commencement du XVIII.ᵉ siècle, nous avons à peine quelques mots à dire jusqu'au temps de la révolution.

En 1707 le duc Léopold créa dans les hôtels-de-ville des charges de finances qui remplacèrent toutes les charges électives, et l'on ne trouve même plus de maires à Étain, à partir de 1705 jusqu'en 1771, que l'hôtel-de-ville ou siège municipal fut créé par un édit royal du mois d'octobre.

Il fut alors formé du maire, du lieutenant chef de la police, de quatre assesseurs ou échevins, d'un échevin trésorier, d'un procureur du roi, et d'un secrétaire greffier.

En 1723, Léopold érigea un fief à Étain sur le lieu nommé la Cour d'Arénar, en faveur de Louis Duhautoy, bailli d'Etain, d'une ancienne famille de Lorraine.

Ce fief devint comté le 30 janvier 1736 par lettres-patentes du duc François III; c'est là un des derniers actes de souveraineté des ducs de Lorraine, car la même année Louis Duhautoy assistait à Bar-le-Duc à la séance d'adieu de nos princes et, au nom des habitants d'Étain, il était relevé du serment de fidélité prêté aux ducs de Lorraine.

La France avait alors consommé sa conquête; mais ce ne fut pas sans que de profonds et d'unanimes regrets ne suivissent au loin cette dynastie tant aimée, qui, depuis près de mille ans, gouvernait le pays. Représentants d'une nationalité étouffée entre la France et l'Allemagne et de tous les souvenirs qui s'y rattachaient dans la mémoire des peuples, les bons ducs furent remplacés par Stanislas, leur digne successeur; mais ce fut le dernier.

Ce prince fit à Étain quelques établissements. Il y mit une recette des finances et une maîtrise des eaux et forêts formée des anciennes grueries d'Étain, de

Villers-la-Montagne, de Longwion et d'Arrancy.

La recette des finances, la maîtrise des eaux et forêts, l'hôtel-de-ville et le bailliage rendaient alors la ville très florissante par le grand nombre de magistrats et d'employés qu'il y fallait. D'autre part les douanes étant restées aux limites de la Champagne, les objets d'exportation étrangère pénétraient en Lorraine sans payer de droits; les foires étaient très considérables. Les chevaux de Hanover arrivaient en troupes nombreuses à la foire d'octobre, et il s'en vendait habituellement pour plus de cent mille écus.

Quelques années avant la révolution, le maire François Verdun, par une activité et une persévérance bien dignes qu'on s'en souvienne, fit exécuter plus de travaux utiles que tous les autres magistrats depuis deux cents ans. Il fit paver pour la première fois la plus grande rue d'Étain et la rue de Metz. La fontaine était un véritable cloaque dont on pouvait à peine approcher; il la fit couvrir, et un puits creusé en avant par ses soins donna de l'eau autant qu'il en fallait.

Nous ne voulons pas compter toutes les maisons qu'il fit bâtir, ce sont encore aujourd'hui celles qui embellissent la ville.

Il dressa le plan d'un nouveau clocher à la place de l'ancien qui menaçait ruine, et les échevins approuvèrent son projet (1761). Mais les chanoines de la Madeleine étaient chargés de l'entretien de l'église qui

leur appartenait : tandis que le clocher et les cloches
étaient à la commune. Ils refusèrent de laisser bâtir la
nouvelle tour contre le devant de l'église, sous prétexte
qu'elle occasionnerait des dégâts et des réparations
dont ils ne voulaient pas être chargés. La ville perdit
contre eux un procès sur cette difficulté, et la tour fut
élevée à une petite distance de l'église comme on peut
le voir.

Le maire fit ensuite fondre trois cloches dont il fut
parrain ; deux d'entre elles ont été descendues à la révolution pour en faire de la monnaie de billon, la troisième seule subsiste encore.

François Verdun avait aussi imaginé de faire planter
des arbres le long de toutes les routes à une demi-lieue
d'Étain ; mais la jalousie acharnée contre lui et l'é-
goïsme des propriétaires des champs ne permirent pas
à ces arbres de grandir ; ils furent tous coupés en une
seule nuit.

L'hôtel-de-ville, vieil édifice noirâtre et mal bâti,
situé en avant de la grande place, était trop étroit pour
contenir à la fois le siége municipal et le bailliage. On
y pénétrait par un large escalier qui donnait sur une
vaste salle décorée d'une tapisserie verte parsemée de
doubles croix de Lorraine de couleur jaune*. Point de
péristyle pour mettre les plaideurs à l'abri des intem-

(*) Le vert ou sinople semé de doubles croix d'or était la
livrée des princes cadets de la maison de Lorraine.

péries de l'air. Rien à la fois de plus incommode et de plus mauvais goût.

Le maire projeta de faire bâtir un nouvel édifice et de démolir l'ancien. On ne saurait détailler les difficultés qu'il trouva dans le bailliage, dans les habitants et même dans son propre lieutenant de police, qui lui faisait obstacle en tout. Il persévéra, et parvint à ramener la majorité des habitants à son avis.

Mais il voulait donner un emplacement plus avantageux à l'édifice et l'élever en arrière de la grande place; autre obstacle à vaincre. Il fallut plaider contre les capucins auxquels ce nouvel emplacement fermait toute perspective; heureusement la commune gagna le procès. Le premier entrepreneur se ruina en bâtissant l'édifice; on ruina le deuxième à force de lui faire recommencer des travaux sans cesse rejetés comme mauvais, et l'hôtel-de-ville inachevé fut sur le point d'être abandonné faute de nouvel entrepreneur. François Verdun, sans se décourager, se fit entrepreneur lui-même, et résolut d'achever le monument à ses risques. Il en vint à bout, mais il s'y ruina comme les autres et par l'effet des mêmes intrigues. On lui devait encore dix mille francs sur son entreprise au commencement de la révolution. Il les réclama en vain; sa demande fut repoussée comme vexatoire et prématurée*. On le déclara même suspect;

(*) Délibération du 10 août 1790.

il fut envoyé en prison avec tant d'honnêtes gens comme lui, et mourut peu après son retour.

Des fortifications de la ville il ne restait alors que les quatre portes; cependant vers la fin du règne de Louis XVI, M. Chappes de la Henrière aîné, s'était fait nommer capitaine gouverneur d'Étain, malgré les vives réclamations de l'avocat Rollin ; alors lieutenant de police. Ce dernier, petit homme d'un esprit subtil, était blessé de la présence d'un gouverneur dont il se trouvait le subordonné. La Henrière prétendait que la ville offrait par son enceinte et ses quatre portes des moyens de défense suffisants pour exiger un gouverneur. Rollin, pour détruire ce prétexte, paya quelques ouvriers, et un beau matin les quatre portes furent trouvées démolies et jetées par terre.

A l'approche des états-généraux (1789), l'avocat Rollin publia sur leur composition une espèce de *factum* sous forme de vœu dans lequel il dispensait le clergé d'y prendre part, et demandait que le tiers-état formât plus de la moitié des deux ordres; mais son mémoire fut trouvé trop hardi et condamné le 20 janvier 1789. A l'assemblée des trois ordres, M. de Maucomne, lieutenant-général du bailliage, prononça le discours d'ouverture.

Cependant, des bruits sinistres, avant-coureurs de la révolution, se répandaient dans les campagnes; des cris de trahison étaient poussés çà et là au milieu de l'anxiété générale ; tantôt les Prussiens avaient passé la frontière, tantôt des bandes de brigands couraient la plaine et mettaient le feu aux blés sur pied. Un jour, il se répandit qu'ils venaient de surprendre Étain, et des troupes nombreuses de paysans étaient accourues armées de mousquetons, de fourches, de faulx, de pioches et d'autres instruments, croyant y rencontrer ces hordes de scélérats. La municipalité s'était réunie plusieurs fois pour prendre des mesures contre leur approche : une garde nationale fut organisée et des barrières, qui ne durèrent que deux ans, établies à l'endroit des portes.

CHAPITRE VIII.

Étain de 1790 à 1795.

La révolution était arrivée, et rien dans les esprits à Etain n'y semblait préparé. La vieille piété du peuple lorrain s'y était conservée pure. En 1790 on faisait des réparations à la croix de pierre plantée en avant de la grande place ; on délibérait pour sauver le couvent des capucins contre l'anathême lancé par la Constituante ; on pétitionnait pour eux à cause des secours spirituels et des aumônes qu'ils répandaient libéralement du superflu de leurs quêtes. On songeait à faire un autel de marbre (1792) au lieu de l'ancien, jadis élevé par le curé Mocquet (1633), et au commencement de 1793, un mois avant la destruction du culte, une place au ban du chœur se louait encore 70 francs ; mais les principes de la révolution gagnaient du terrain de jour en jour, l'état des choses allait changer.

Des réjouissances politiques et des festins de commande servaient de prélude à la tyrannie.

Vint la fête de la fédération (14 juillet 1790). On résolut de la célébrer dignement, car la fédération était à l'ordre du jour ; les fédérés Verdunois était venus fraterniser à Étain, trinquer et banqueter aux dépens des bourgeois ; ainsi en avaient fait les fédérés d'Etain qui avaient député des représentants à Nancy, puis à Metz et ensuite à Paris.

La fête s'annonça au bruit des boîtes et de la générale : la garde nationale, les quarante hommes du régiment d'Auxerrois et la maréchaussée se rendirent majestueusement et drapeaux déployés sur la grande place.

« L'autel de la patrie (*), décoré de fleurs et de feuillages, était établi sur une plate-forme de vingt-un pieds en carré et haut de huit pieds. Le milieu de l'autel occupé par une base triangulaire soutenait une pyramide de même forme.

Sur la face de devant, la Nation sur fond blanc, sous la figure d'une femme coiffée d'un bonnet de liberté et tenant une baguette d'une main. Elle tenait un livre ouvert duquel elle avait déjà déchiré plusieurs feuillets

(*) Extrait littéralement des papiers de la commune.

sur lesquels étaient inscrits : *Noblesse héréditaire, Priviléges, Gabelle, Droits féodaux, Corvées personnelles, etc.*

Près d'elle, un faisceau de lances, et sous ses pieds ces mots : *Tous égaux en droits.*

Sur la face de droite, la Loi sur un fond rouge, et un livre ouvert sur le dos duquel on lit : *Codes réformés*, et de l'autre un glaive, tenant sous ses pieds l'ignorance personnifiée, une bourse à la main avec ces mots : *Vénalité supprimée.*

Sur la troisième face, le Roi, peint en pied sur fond bleu, le sceptre en main, couronné de feuilles de chêne ; à sa gauche la couronne royale, et sous ses pieds : *Restaurateur de la liberté française.*

Un globe terminait la pyramide et portait un coq tenant dans une de ses pattes une baguette au haut de laquelle était le bonnet de liberté aux couleurs tricolores.

A onze heures moins un quart le cortége sortit de l'Hôtel-de-ville... le tambour battant aux champs, les cloches, les boîtes, les cris de vive la nation ! vive la loi ! vive le roi ! formaient un *tumulte délicieux et ravissant* (*), et dans cet ordre arriva à l'église où M. Toussaint-Laurent, aumônier de la garde nationale, attendait.....»

(*) Extrait textuellement des registres de la commune.

Après le *Veni Creator* et le *Te Deum*, l'abbé Laurent fit un méchant discours patriotique qui a été conservé dans les registres de la commune et dont nous ferons grâce à nos lectenrs. Nous aurons assez de les régaler de quelques passages de celui du maire Gérard le borgne, prononcé l'année suivante à la fête de la Patrie.

On revint sur la place après la messe, et tous au moment donné prêtèrent sur l'autel le serment civique et fédératif. Le supérieur des capucins, lui-même, leva la main avec les autres. On aurait dit une assemblée de frères; on s'embrassait, on pleurait et, après un peu de temps, la moitié des prêteurs de serments devaient faire couper la tête au reste.

C'est après cette fête où les capucins s'étaient si bien montrés, qu'on pétitionna pour les conserver : mais la révolution était en pleine marche; l'obéissance aux décrets de l'assemblée nationale mettait dès l'année suivante (1791) les bourgeois en hostilité avec le culte catholique.

Il fallut d'abord détruire le charnier et transporter dans l'église la vierge de pitié qui s'y trouvait. Ensuite le club qui venait de se former défendit aux capucins d'élire un supérieur s'ils n'étaient pas au nombre de vingt. Dix-sept seulement étaient restés, et la loi ordonnait leur dispersion. On les tracassa de toutes les manières, en leur défendant de confesser, d'exposer le Saint-Sacrement et de chanter des grandes messes.

La *citoyenne* Laurent, au lit de mort, ayant réclamé le père Lothaire, son confesseur, il fallut une délibération de la municipalité pour permettre au vieillard d'aller recueillir ses derniers soupirs.

Nous ne parlerons pas des premiers germes de divisions entre les patriotes de l'endroit, ni des commissaires envoyés à l'abbaye de Châtillon pour y faire un inventaire exact, et qui mirent le mobilier et la bibliothèque des moines au pillage : ce sont de légères peccadilles sur lesquelles nous ne voulons pas nous arrêter.

Le 19 novembre le citoyen Beguinet aîné, fut nommé président du tribunal du district d'Étain, et le citoyen Gérard, orfèvre de bas aloi, créé maire à sa place.

Le 15 juillet 1791 étant arrivé, on se prépara à chômer la fête de la Patrie.

Le programme fut à-peu-près le même que pour la fête de la fédération. Mais cette fois, l'effigie du roi n'était plus sur la pyramide attendu le progrès des choses, et les quarante hommes du régiment d'Auxerrois avaient été remplacés par cent-cinquante hussards de Lauzun.

On chanta la messe sur l'autel de la Patrie dressé au milieu de la grande place. L'abbé Laurent, prêtre con-

stitutionnel, prêta son ministère à la cérémonie (*);
après quoi, Gérard le borgne, maire de la ville, s'a-
vança sur le bord de l'échafaudage et, en guise de ser-
mon, lut au peuple, tant bien que mal, une allocution
emphatique dont voici quelques fragments :

« MM. nous voici assemblés pour célébrer ce jour
» à jamais mémorable, ce jour qui dans la France en-
» tière réunit tous les cœurs et les esprits des hommes
» patriotes pour voler *au centre de l'image* de la liberté!
» Ah ! quelle merveille ! Courbés depuis tant de siècles
» sous le poids du despotisme et de la tyrannie, les
» plus malheureux de tous les êtres qui habitent le
» globe..... d'esclaves nous sommes devenus libres.

» Que l'imagination est frappée quand elle envisage
» une semblable révolution !

» *Effectivement, voyons en gros l'effet* : Un roi *des-*
» *pote* est ramené aux principes de l'empire ! (et l'année
» d'avant c'était le restaurateur de la liberté française.)
» Un clergé avaricieux qui avait usurpé les richesses du
» peuple les restitue et va suivre sa première ori-
» gine.....

« Les traitants, fléau de la terre, ne sont plus les sang-
» sues de l'état.....

« Si nos aïeux pouvaient être spectateurs d'un pareil

(*) M. Creitte, curé d'Etain, s'était retiré à Thionville et
n'avait pas prêté le serment constitutionnel.

« changement, ils seraient honteux d'avoir vécu dans
« les chaînes.

« Ce sont vous, Voltaire et Rousseau, qui avez éclairé
« ce siècle ; ce sont vous, ô grands hommes, qui nous
« avez montré le chemin de secouer le joug !.....

« C'est vous aussi, auguste assemblée, qui avez
« formé ce beau chef-d'œuvre !....

« Ce sont vous, braves frères d'armes !

« C'est vous, brave Lauzun, qui avez consolidé cette
« grande et belle révolution !

« Ce sont vous, administrateurs, ce sont vous, mem-
« bres de la justice, qui secondez l'*opération* (*) par
« votre zèle à faire exécuter les décrets !

« Ce sont vous enfin, ministres constitutionnels, qui,
« non trompés par le luxe et l'orgueil des réfractaires,
« adoptez nos principes et les faites valoir en les forti-
« fiant par la morale de nos dogmes !

« La Providence qui guide nos travaux, va être té-
« moin du serment fédératif que nous allons prêter sur
« l'autel de la patrie ; emblême de l'arche d'alliance,
« invitons *la* (**) d'éclairer les esprits factieux pour que
« tous, d'une voix unanime, ne disent que ce que leur
« cœur dictera..... »

Il lut ensuite la formule du serment, termina par

(*) On commençait à emprisonner et à persécuter.
(**) La Providence, la Patrie on l'Arche-d'Alliance ?

7

une énergique péroraison, après quoi on chanta le *Domine salvam fac gentem.* »

Les corps constitués fondirent en larmes d'enthousiasme à cette superbe harangue, et les municipaux en corps se rendirent, dès le soir même, près du maire pour le supplier de ne pas laisser perdre de si belles paroles. Il fut décidé qu'on les transcrirait sur le registre des délibérations, et c'est ainsi que le chef-d'œuvre nous est parvenu.

Quelques jours après (22 juillet) il se forma un club des amis de la constitution, qui fut installé dans une des salles de la mairie.

Peu après les bruits de l'entrée des Prussiens (1792) prirent de la consistance, et l'on sut enfin que la frontière de France venait d'être franchie par les étrangers.

La municipalité ne recula point; il fut résolu qu'on irait en corps au-devant de l'ennemi le prier d'épargner la ville.

Tous les membres de la municipalité, à l'exception d'un seul qui prit la fuite, se rendirent sur la route de Longwy aussitôt qu'ils eurent la certitude de son approche; mais à peine eurent-ils rencontré l'avant-garde que, sans leur laisser le temps de s'expliquer, les ennemis se jetèrent sur eux et les maltraitèrent; leurs écharpes tricolores furent déchirées et foulées aux pieds; et la cavalerie prussienne ayant pénétré au galop sur la grande place, coupa l'arbre de la liberté qui n'avait pas eu le temps d'y pousser. Comme les cavaliers défilaient au coin de la rue de Metz, un habitant leur tira d'une fenêtre un coup de pistolet. Un de leurs soldats fut blessé et tomba de cheval. Aussitôt les Prussiens furieux se mirent en devoir de brûler la ville. Ils allaient exécuter cette résolution quand M. de Gournay de Raigeconrt, prévenu de la chose et profitant du crédit que lui donnait le titre de chambellan de l'empereur d'Allemagne, revêtit les insignes de cette fonction honorifique et se rendit à l'état-major des étrangers. Là, il parvint, à force de supplications auprès des chefs, à sauver la ville et à épargner aux habitants les horreurs du pillage. Les Prussiens désarmèrent la garde nationale et occupèrent la commune sans résistance. Pendant la durée de cette invasion, les bourgeois d'Étain et des villages environnants eurent à souffrir des réquisitions de tous genres commandées par l'ennemi; d'un autre côté, les émigrés qui revenaient à la suite de l'étranger, parmi lesquels on remarquait le comte de Provence et le comte d'Artois, frères de Louis XVI, insultaient hautement à la nouvelle *Jacquerie*, se vantaient d'arriver sous peu de jours à Paris, et maltraitaient les hommes regardés comme les plus chauds partisans de la révolution.

Au bout de six semaines d'occupation, les Prussiens défaits à Valmy, battirent en retraite, et la ville fut évacuée.

Le service important que M. de Gournay venait de
rendre ne lui servit de rien ; il était noble et riche, sa
perte était jurée. Le jour même où les Français vain-
queurs passaient à Étain en poursuivant les débris de
l'armée prussienne, quelques patriotes de l'endroit
vinrent le dénoncer aux soldats réunis sur la place
comme un aristocrate qui sympathisait avec l'étranger.
Aussitôt une foule de soldats mirent le sabre à la main
et se dirigèrent en courant vers la maison de M. de
Gournay. Celui-ci, surpris et sans défense, n'eut que
le temps de fuir par le jardin et d'escalader les murailles qui le séparaient de la campagne. Quelques jours
après il gagna la frontière ; c'était tout ce qu'on voulait
pour mettre la main sur ses biens. Sa maison fut déva-
lisée par des gardiens infidèles que la municipalité
avait placés chez lui. Son fils, qui de temps en temps
passait en France secrètement pour voir sa mère et ses
sœurs, fut un jour saisi à la frontière, reconnu comme
émigré et fusillé sans autre forme.

Tout le monde cependant estimait M. de Gournay, à
l'exception de la petite coterie jacobine qui étouffait
le vœu des habitants par la crainte, et qui d'ailleurs se
composait surtout de nouveau-venus dans le pays.
Après la terreur, les habitants signèrent en masse une
pétition pour obtenir son retour, mais cette requête
n'eut aucun résultat, et M. de Gournay mourut en
exil.

Sur la fin de cette année (1792), les dénonciations devinrent de plus en plus fréquentes et les émigrations continuèrent; des mandats d'arrêt furent lancés sur les nobles et les riches; MM. de Maucomble et de la Henrière aîné furent obligés de quitter le pays. M. de Maucomble était dénoncé comme accapareur par un chaud patriote, qui plus tard, passa quelques années aux galères; mais le plus malheureux de ces émigrants fut M. de la Henrière aîné. Il s'était rendu chez M. de la Saulx, à Sierck, et tous deux liés par l'amitié fuyaient la France ensemble. Ils étaient parvenus sur l'extrême frontière et se hâtaient de gagner la terre de salut en traversant quelques champs cultivés qui les en séparaient, lorsqu'ils furent à l'improviste arrêtés et saisis par un garde champêtre. Ils essayèrent en vain de se débarrasser de lui; le garde appela les paysans des environs à son aide; les deux fugitifs furent emmenés et reconnus. Après avoir été traînés de prison en prison, on les traduisit enfin devant la haute cour d'Orléans. L'histoire sait le reste. Les prisonniers d'Orléans transférés à Paris, furent tous lâchement égorgés sur les chariots qui les amenaient, par une bande de sans-culottes venus de la capitale, au moment où ils entraient dans les rues de Versailles; M. de la Saulx et de la Henrière périrent dans cette sanglante orgie.

Le comte de Briey, le marquis de Nettancourt et plusieurs autres, avaient été plus heureux dans leur

fuite et avaient atteint la frontière sans être inquiétés.

Les persécutions redoublèrent pendant l'année 1793. Le club des jacobins et la commune de Paris correspondaient directement avec les clubs établis aux chefs-lieux de chaque département, et ceux-ci, à leur tour, par une affiliation puissamment organisée, étaient en rapport direct avec les sociétés républicaines des moindres communes. Ces petits clubs remplis d'hommes ignorants et passionnés, répandaient la terreur sur tous les points du pays à la fois, et le tenaient violemment sous une intolérable oppression. Le club d'Étain entretenait des relations fréquentes avec le comité de Bar-le-Duc, qui réchauffait à propos le zèle des patriotes; ceux-ci, du reste, après avoir expulsé les nobles, s'attaquaient déjà aux riches qui formaient comme une nouvelle aristocratie et commençaient à se déchirer entre eux.

La première mesure de l'année (6 avril), fut le désarmement des ci-devant nobles, ci-devant seigneurs, ci-devant prêtres et de leurs agents ou domestiques, comme s'ils eussent été redoutables. Ensuite fut établi un comité de surveillance composé de onze membres, parmi lesquels se trouvait Fouché, l'homme qui avait arrêté Louis XVI à Varennes, et que l'indignation publique avait forcé de quitter son pays. Les membres de ce comité avaient établi vers les extrémités de la ville, des agents en sous-ordre dont les inspections minutieuses et la surveillance importune tombait à la fois dans l'odieux et le ridicule.

Au mois de juillet, par l'ordre du comité départe-
mental, tous les habitants de la commune furent réunis à la municipalité, et sommés de déclarer les personnes qui pouvaient être regardées comme suspectes
Pour l'honneur de la ville, il faut dire qu'à cette question il se fit un silence universel ; personne ne voulut
répondre, et les fougueux meneurs du comité, frappés
de l'attitude des habitants, étaient trop lâches pour ac-
cuser publiquement ; mais ils dénonçaient dans l'ombre.
Dès le soir même furent jetées les bases d'une société
républicaine, sous prétexte de propager l'instruction,
et comme il fallait des victimes, elle servit tout d'abord
à dresser une liste secrète de trois ou quatre catégories
de suspects.

Ce club nouveau, présidé par un tailleur d'habits et
hanté par la plus basse classe dont les passions étaient
soulevées au gré de deux ou trois intrigants, tenait ses
séances pendant les jours de repos. C'étaient les satur-
nales de la démocratie. Des prêtres y vinrent renier
Dieu et souiller par d'infâmes paroles une religion qu'ils
n'avaient jamais comprise ; mais en revanche on y cé-
lébrait le culte de la déesse Raison, et les propositions
les plus inconcevables où l'horrible le disputait à l'absurde, s'y faisaient entendre journellement.

On exhortait les citoyennes à tricoter des bas pour les
défenseurs de la patrie, ou bien l'on parlait de sou-
mettre à une épuration générale tout citoyen dont la

fortune s'élevait à 15,000 francs. Certains exagérés allaient jusqu'à déclarer qu'il serait utile de mettre à mort tout homme parvenu à soixante ans, parce qu'à cet âge ils sont devenus incapables de rendre des services à la patrie, et d'autres extravagances de même valeur.

Le 10 août 1793, anniversaire de la chute de la monarchie, fut consacré à une fête pour la réception de l'acte constitutionnel de la république.

L'autel de la patrie fut dressé sur la place ; il était décoré de quatre-vingt-sept piques entourées d'un ruban tricolore et surmontées d'une hache et d'un bonnet rouge. Sur l'autel était déposé l'acte constitutionnel; des parfums brûlaient aux quatre coins.

Une enceinte de feuillages entrelacés de chênes et de lauriers, dérobait aux profanes la vue de ce sanctuaire, qui n'avait qu'une entrée symbolique formée de deux jeunes peupliers unis par un ruban tricolore, qui soutenaient le niveau national en signe d'égalité républicaine ; fatal niveau qui s'abaissa sur plusieurs de ceux qui passèrent dessous en cérémonie !

Les registres de la commune retracent ainsi l'ordre de la solennité ;

« Les citoyens rassemblés, *dès que l'aurore ouvrira* « *les portes du jour*, dirigeront leur marche vers l'au- « guste enceinte.

« En tête les membres de la société républicaine.

« 2.° Les respectables vieillards viendront ensuite en
« écharpe formée d'un ruban tricolore.

« 3.° Puis les filles citoyennes vêtues de blanc, por-
« tant l'écharpe tricolore et chantant des strophes.

« 4.° Les autorités constituées en corps ayant les fem-
« mes des sieurs Dastier et Georges tués à Arlon, au
« lit d'honneur, et Guillemain, blessé à cette affaire,
« portant une couronne de chêne et une branche de
« laurier à la main.

« 5.° Enfin les enfants, espérance de la patrie ; puis
« la *cohue* des citoyens et citoyennes. »

Tous ces groupes prêtèrent le serment de défendre
la constitution républicaine jusqu'à la mort, et les insignes de la noblesse furent brûlés dans un brasier placé
entre l'autel de la patrie et l'arbre de la liberté qui
avait été replanté.

Cette fête fut accompagnée de décharges de boîtes
et suivie d'illuminations ; mais on avait eu soin de dou-
bler les gardes de la ville, et trois jours après on mit
les laboureurs en réquisition pour payer trente sacs de
blé du poids de 200 livres, qu'ils furent autorisés à re-
tenir aux propriétaires de leurs fermes.

Cependant les membres du comité du salut public
de Bar-le-Duc écrivirent aux membres du club d'Étain,
d'envoyer le nom des personnes auxquelles des certificats de civisme avaient été refusés, celui de tous les
habitants qui étaient contraints de signer tous les jours

à la municipalité, et enfin une liste de tous ceux qui pouvaient être considérés comme suspects.

Cela fut exécuté ; les suspects furent votés par un scrutin pour compléter la troisième catégorie.

Les personnes qui inscrivaient leurs noms tous les jours à la commune en vertu de la loi du 28 mars, et celles à qui des certificats de civismes avaient été refusés étaient :

1.° François Marchand, l'aîné.

2.° Françoise Houzel, sa femme.

3.° François Marchand, jeune (en fuite).

4.° Marie-Anne Laurent.

5.° Gaspard Lacroix (en fuite).

6.° Barbe Marchand.

7.° François Mercier.

8.° Anne Visat.

9° Charles Claussin.

10.° Adam Gérard.

11.° Victoire et Sophie Gérard, ses enfants.

12.° Gérard Vatrin.

13.° Blouet Sponville.

14.° Madame Briey de Nettancourt.

15.° Madame Desroys de Nettancourt.

Personnes suspectes.

Jean-François Huet.

François Poncelet.

Elisabeth Mengin, veuve Languimbert et ses deux filles.

Madame Henriette Briey de Nettancourt et son fils.

Madame Claussin.

Ursule Adam, femme Gérard.

Minette Mengin, femme de Henri Chatillon.

Lhote, femme de Labriet le jeune, et sa fille.

Elisabeth Duchène.

Raphaël-Dennery, Israélite.

Des mandats d'arrêt avaient en outre été decernés contre ;

Louis Mengin.

Chappe de la Henrière, jeune.

Nicolas Labriet.

Benoist, Nicolas et François les Labriet, ses enfants.

Nicolas-François Allizé.

Sébastien Henri, dit Larose.

Nicolas Parisse, gendarme.

La lettre du comité de Bar-le-Duc n'était pas une vaine formalité. La plupart des hommes mis en arrestation tels que MM. Lacroix, Marchand, Allizé, s'étaient enfuis dans les bois quelques heures avant l'exécution des mandats; mais toutes les femmes et les enfants dont plusieurs étaient encore en bas-âge, furent emmenés à Bar-le-Duc et retenus en prison jusqu'à la chute de Robespierre.

Plusieurs des nouveaux suspects n'avaient été inscrits qu'à cause de leur fortune dont on voulait s'emparer aussitôt qu'ils auraient été mis sur la liste des émigrés; aussi préféraient-ils se cacher plutôt que de quitter la France.

La Henrière, jeune, entre autres, possédait plusieurs belles maisons dans la ville que beaucoup de gens convoitaient. Il se tenait caché aux environs, et sa retraite ordinaire était le bois de Tilly où il vécut pendant plusieurs mois de suite à la belle étoile, malgré les battues de la garde nationale qui venait le traquer de temps en temps.

Le cultivateur Jean-François Huet, d'une vieille famille de la ville, lui faisait passer des vivres secrètement malgré les menaces du club et ne craignait pas de s'exposer pour lui aux plus grands dangers. Les jacobins ne lui pardonnèrent pas cette belle action et l'inscrivirent sur la liste des suspects. On le jeta même en prison; par cette mesure la Henrière, bien à contre-cœur, fut contraint de déguerpir et de passer la frontière. Ses biens furent alors confisqués, et les auteurs de sa ruine s'enrichirent de ses dépouilles.

La tristesse et l'épouvante furent plus vives et plus générales que jamais après le départ des suspects, et l'oppression était d'autant plus accablante qu'il fallait soigneusement la déguiser et contenir le plus léger signe de mécontentement. Tout ce qui suivit accrut encore la désolation publique. Le maximum, la disette, les assignats, la visite des greniers des laboureurs, la fonte des cloches, la dévastation des églises par trois officiers municipaux à l'instigation du club, la belle statue équestre de Saint-Martin, patron de la paroisse, mise en pièces, le Christ brisé à coups de hache, l'abjuration de l'abbé Laurent et de ses deux vicaires : tout cela complète le tableau et termine l'année 1793.

1794. Malgré tant d'actes arbitraires, le club de Verdun se plaignait de la mollesse des sans-culottes d'Étain, et s'irritait sur-tout que les habitants eussent conservé un attachement secret à la religion, quoique le Christ eût été remplacé par la déesse Raison. Peut-être savaient-ils que plusieurs prêtres des environs avaient célébré une messe des morts à la nouvelle de l'exécution de Louis XVI. Quoi qu'il en soit, les Bonnets-Rouges du club de Verdun entreprirent une expédition pour réchauffer le patriotisme languissant, extirper le fanatisme, et, comme ils disaient, mettre au pas les gens d'Étain.

Le 13 pluviose an II (25 janvier 1794), vers deux heures de l'après midi, une douzaine de sans-culottes verdunois, coiffés du bonnet phrygien, ayant à leur tête un commissaire des guerres et l'abbé Dieudonné, l'un des vicaires défroqués de l'église d'Étain, entrèrent triomphalement dans la ville, précédés d'une musique militaire et suivis par prévoyance d'une charrette chargée de vivres et d'artillerie de toutes sortes. Comme la population accourait pour voir passer cette troupe grotesque et qu'on leur demandait la cause de cette expédition, ils criaient aux habitants sur leur passage qu'ils venaient pour les mettre au pas.

Personne ne répondit d'abord à cette provocation; on les laissa parcourir la ville qu'ils troublaient de leurs cris et de leur musique, et sur le soir ils se retirèrent dans une hôtellerie où ils se délassèrent de leurs exploits à une table parfaitement servie, sur-tout en vins. Le lendemain ils furent rejoints par quatorze clubistes de Verdun, et après avoir recommencé le tintamare de la veille, ils quittèrent la ville dans la matinée, au moment où la patience publique était à bout.

Les habitants qui comptaient en être débarrassés, furent bien surpris de les voir de retour dans la soirée. Ils se dirigèrent vers le club, et leur charrette s'étant arrêtée devant la maison commune, quatre d'entre eux se rendirent dans la salle des séances et demandèrent à être admis à fraterniser avec leurs frères d'Étain. On leur répondit que les sans-culottes d'Étain fraterniseraient toujours volontiers avec les sans-culottes de Verdun, et ils furent introduits.

Une foule inaccoutumée remplissait le club, et ils furent accueillis par un sourd murmure qui ne présageait rien de bon. L'orateur de la troupe, ayant demandé la parole, se mit à faire de longues déclamations contre le fanatisme et à retracer avec incohérence les maux sans nombre que, selon lui, la religion avait faits au peuples. Cette harangue verbeuse augmenta le mécontentement de la foule. Un homme du peuple se leva enfin, et interrompant l'orateur au milieu d'une période : « Est-il vrai, cria-t-il en lui montrant le poing, « que vous êtes tous venus ici pour nous mettre au « pas? Toi, en serais-tu capable, Verdunois? » Et en trois sauts il se trouva en face du harangueur qu'il saisit à la gorge. Un tumulte effroyable éclata soudain dans la salle, des injures, des cris : « A bas les sans-culottes! A bas les Verdunois! » partirent de tous côtés, et la foule se rua en fureur sur les bonnets rouges. Ils essayaient en vain de fuir, on les rattrapait çà et là, on les accablait de coups; leurs vêtements étaient déjà mis en pièces; un d'eux même allait faire le saut du haut du balcon de la maison-de-ville sur la grande place, quand les municipaux avertis se hâtèrent de ceindre leur écharpe, et parvinrent avec une peine infinie à arracher ces misérables à la foule irritée. On les enferma sous clef dans une salle d'où ils parvinrent à s'échapper en secret par une fenêtre de derrière.

Cette petite réaction rendit un peu de gaîté à la population accablée. La terreur fut oubliée pour un jour. Le soir des danses publiques furent improvisées; des chansons imaginées à l'instant sur cette affaire par l'esprit moqueur des habitants, furent chantées tout haut sur l'air de la Carmagnole, quoique le club avec son tailleur d'habits pour président, n'y fussent pas épargnés. La seule personne, au dire de la chanson, qui n'était pas contente, était l'aubergiste Cécille, qui avait régalé les sans-culottes pendant deux jours à ses frais, car dans leur trouble, ceux-ci avaient oublié de payer leur écot.

Cependant les clubistes maltraités répandirent à Verdun qu'Étain était en pleine insurrection; des troupes furent dirigées sur la ville en toute hâte. Dans la nuit survinrent deux détachements de cavalerie suivis d'une compagnie d'infanterie, qui furent logés chez les habitants. Elles firent de nombreuses patrouilles pour rétablir l'ordre que ceux qui les envoyaient avaient seuls troublé. Tout cela mit entre les deux villes une secrète animosité qui dura quelques années, et ne se manifesta guère que par des sarcasmes; au moyen-âge on en serait venu aux mains.

Pendant l'année fatale de 1794, la discorde long-temps déguisée, qui s'était glissée au camp des répucains de l'endroit, éclata au grand jour.

Les prôneurs de fraternité se mirent entre eux en guerre ouverte; malgré la petitesse du théâtre, cette hostilité eut pour cause deux passions qui divisent toutes les démocraties, l'envie attachée à tous ceux qui jouent les premiers rôles, et l'ambition de se mettre à leur place.

Mais ici tous les renseignements nous manquent à la fois pour retracer cette lutte horrible où sept têtes innocentes roulèrent sur l'échafaud. Tout ce qui aurait pu nous servir là-dessus dans les papiers de la commune a été lacéré par une main honteuse. Nous espérions au moins trouver dans le recueil des actes du tribunal révolutionnaire des détails suffisants pour nous guider; malheureusement l'arrêt des sept victimes fut prononcé par ce tribunal de sang sur la fin de la terreur, alors que l'empressement d'alimenter la guillotine était si grand que, dans les deux derniers mois de l'existence de cette machine à condamnations, Fouquier-Tinville ne prenait plus la peine de rédiger ses arrêts, tant il était accablé de besogne.

Il ne nous reste donc que des informations orales et les brèves indications du *Moniteur* qui se contente de donner une liste de vingt-six personnes rassemblées des diverses parties de la France, jugées à la fois et condamnées en bloc le 16 messidor an II (4 juillet 1794), Dans cette liste on trouve les noms suivants :

16 Messidor an II (4 juillet 1794).

Pierre-Felix Beguinet, âgé de 36 ans, né à *Éteing,* (pour Étain), agent national de cette commune.

Jean-Baptiste Beguinet, âgé de 42 ans, né à *Éteing,* président du district de ce nom.

N. F. Perrieres (Perrier), âgé de 36 ans, né à *Éteing,* juge-de-paix du canton de *Gouvaincourt* (Gouraincourt).

8

L. Lamotte, âgé de 34 ans, né à *Eteing*, sécretaire du district de ce nom.

A. *Thierot* (pour Thiriot), âgé de 39 ans, né à Verdun, apothicaire à Étain.

A. Ganot, âgé de 55 ans, né à *Eteing*, receveur du district, et procureur-syndic d'Étain, homme de loi.

C. Delorme, âgé de 46 ans, né à *Brilly* (pour Briey), département de la Moselle, cultivateur et agent national de Valdeloy.

N. Bertrand, né à Jarny, département de la Moselle, aubergiste à Jarny.

P. Jacquet, âgé de 39 ans, né à Dommery, aubergiste à Jarny........ etc., etc.

Convaincus de s'être rendus les ennemis du peuple en favorisant de faux certificats de résidence, en trompant les citoyens pour les faire signer, en projetant d'assassiner à coups de pistolet un représentant du peuple dans sa mission; *en entretenant des intelligences avec les ennemis de la république lors de leur invasion sur le territoire français, en leur fournissant des subsistances, en commettant des fraudes et infidélités dans l'administration des vivres et fourrages, en allant au-devant des frères du tyran,* en tirant sur le peuple en la journée du 10 août, en discréditant les assignats, en s'opposant au recrutement, etc., etc., ont été condamnés à la peine de mort.

Les sept, ou même les six premiers noms que nous avons cités doivent seuls nous occuper, et l'on voit déjà par la négligence avec laquelle leurs noms et leurs domiciles ont été tronqués, le peu de soin avec lequel on instruisit le procès criminel de ces infortunés.

Les deux Beguinet et Thiriot avaient été par leur talent, à la tête du mouvement révolutionnaire à Etain, depuis l'origine de la révolution jusqu'au jour de leur chûte. Ils dirigeaient à la fois la municipalité, le district et le club ; leur dévouement à la république était incontestable, ils en avaient maintes fois donné des gages et avaient été portés aux postes plus importants de la commune. Beguinet l'aîné, était président du district, et le second était agent national. (Il y avait un troisième Beguinet, plus jeune, qui fut épargné). Ils avaient été envoyés comme commissaires à l'abbaye de Chatillon, et on leur reprochait de s'être approprié quelque chose du mobilier des moines. Quoi qu'il en soit, cette accusation à une pareille époque avait peu d'importance, puisque par toute la France cette conduite était regardée comme un acte de patriotisme. Quelques jacobins de leurs amis, jaloux déjà de leur position et désolés peut-être de n'avoir pris aucune part à l'aubaine de Châtillon, commencèrent à se séparer d'eux et à se plaindre tout bas.

L'envie ne se guérit pas, elle s'envenime. Bientôt

le projet de les renverser fut conçu, et l'on essaya
d'abord de les dépopulariser. Leur influence au club,
qu'ils devaient à des talents incontestables, fut détruite
au moyen d'une fable absurde qui fut crue par son
absurdité même.

Un jour, au milieu de la nuit, on frappe à la porte
des Beguinet, on les éveille en sursaut en leur disant
que les émigrés qui rôdaient dans les environs, s'é-
taient cachés au moulin-à-vent qui leur appartenait.
On y courut et l'on ne trouva personne. Ce manège
fut répété plusieurs fois et réussit. Il fut bientôt col-
porté tout haut jusque dans le club, que les Béguinet
cachaient les émigrés au moulin-à-vent. Une partie
de leur partisans les abandonnèrent et ils restèrent
presque isolés. Ils essayèrent de déjouer cette manœuvre
en la dénonçant, mais si leurs adversaires étaient in-
férieurs en mérite, ils l'emportaient par leur activité.
Il y allait de la vie, et l'on attendait le représentant
du peuple pour vider le démêlé en sa présence. Les
Béguinet furent devancés.

Ce fut comme une lutte de girondins et de montagnards au petit pied. Un ennemi juré de Beguinet
accourut de Paris, sur une lettre pour hâter leur ruine.
On chercha des motifs de dénonciation. L'affaire de
Chatillon ne signifiait pas grand'chose, et d'ailleurs
était douteuse, la fable des émigrés au moulin-à-vent
n'était appuyée sur rien; il paraîtrait alors que dans

un conciliabule où la dénonciation fut signée par neuf sans-culottes dirigés par deux ou trois meneurs, leurs actes les plus innocents furent incriminés avec une rare perfidie.

Les autorités du district et de la municipalité avaient été au devant des Prussiens, comme nous l'avons raconté, pour les prier d'épargner la ville ; mais ils y étaient allés, ceints de l'écharpe tricolore, sans renier la révolution ; c'était un acte de courage civique auquel l'ennemi avait répondu par de mauvais traitements. La dénonciation s'empara de cette démarche et la calomnia.

Les autorités républicaines étaient ensuite restées à leur poste, et pour sauver la ville du pillage et de l'incendie, elles avaient été forcées de signer des réquisitions de vivres et de fourrages qui furent levées sur les villages du district. Vu la nécessité des circonstances et la position des habitants, cet acte était au moins excusable. On courut à Boinville où quelques-uns de ces bons de fourrages avaient été conservés, ils furent annexé à la dénonciation et décidèrent l'arrêt de ces infortunés ; enfin l'accusation de fraudes dans l'administration des vivres et fourrages qui s'appliquait spécialement à Alexis Ganot, receveur du district, se rapportait probablement aussi à l'époque de l'invasion des Prussiens, et se justifiait par les mêmes motifs. Sa femme et sa fille d'ailleurs, pétitionnèrent après thermidor afin de poursuivre les dénonciateurs et se faisaient fortes de prouver son innocence.

De là l'explication des motifs de l'arrêt qui les concerne dans le *Moniteur*, que nous avons cités en lettres italiques :

« Convaincus de s'être rendus les ennemis du peu-
« ple..... en entretenant des intelligences avec les en-
« nemis de la république, lors de leur invasion sur
« le territoire français, en leur fournissant des sub-
« sistances, en commettant des fraudes et infidélités
« dans l'administration des vivres et fourrages, en al-
« lant au devant des frères du tyran..... ont été con-
« damnés à la peine de mort. »

Ainsi la dénonciation ne spécifiait que des crimes imaginaires mais suffisants pour fair tomber leur tête à cette époque fatale.

Nous avons regardé comme un devoir de rétablir l'innocence des victimes dans tout leur jour. Quelles qu'aient été leurs erreurs politiques, elles les ont payées de leur sang; mais nous laisserons dans l'oubli les accusateurs. Si le sang versé par eux doit retomber sur leur front, notre doigt n'y gravera pas le signe ineffaçable.

Cependant, le représentant du peuple, Mallarmé, ayant reçu la dénonciation, se hâta de venir à Etain. Des deux cotés on l'attendait avec une vive anxiété. Thiriot, prévoyant d'avance le résultat, s'était retiré á Pont-à-Mousson où il avait pris du service dans un hôpital, mais la vengeance de ses anciens amis sut l'y retrouver.

La séance officielle eut lieu dans le temple de l'Être-Suprême que Robespierre venait de faire reconnaître par un décret. Elle ne fut pas longue. Les inculpés y comparurent en face des dénonciateurs ; mais Mallarmé avait été circonvenu et quand ils voulurent s'expliquer il leur imposa silence en leur criant d'une voix terrible : « Taisez-vous, vous êtes suspects. »

Ce mot redoutable suffit pour les faire incarcérer. Ils ne tardèrent pas à être emmenés à Paris.

Il y avait une ombre de motif dans l'arrestation des des deux Beguinet et de Thiriot ; mais on ne sait comment le juge de paix de Gouraincourt, Perrier, fut compris dans la poursuite, à moins que ce ne soit en qualité de beau-frère des Beguinet. C'était un excellent jeune homme, sans malice, qui n'avait épousé aucune coterie et méritait un meilleur sort.

Pour Louis Lamotte, qui descendait d'une des plus anciennes et des plus honorables familles d'Étain, il ne s'occupait en aucune façon d'intrigues politiques, remplissait exactement sa charge de secrétaire du district, et en cette qualité il avait écrit les réquisitions de vivres pour l'armée prussienne ; il les avait ensuite contresignées suivant l'usage. Cette signature de pure formalité le conduisit à l'échafaud et sa mort porta un coup fatal à sa famille.

Nous n'avons pu savoir si de l'Orme, agent national de Valdeloy, qui fut jugé et exécuté en même temps, était compris dans la même dénonciation. Les deux aubergistes de Jarny, furent dénoncés, jugés et exécutés pour une autre cause ; c'étaient deux compatriotes que les autres rencontrèrent au pied de l'échafaud.

L'aîné des Beguinet, qui avait été ecclésiastique, prononça quelques mots sur l'échafaud, où il s'accusait noblement des erreurs que son sang a expiées avec usure ; Thiriot essaya de résister au bourreau ; tous les autres moururent en silence. C'était vingt-trois jours avant la chûte de Robespierre.

Les dénonciateurs héritèrent en partie des emplois des victimes, immoralité ordinaire aux époques de révolution. Alors la terreur fut au comble, et chacun trembla sous une exécrable oppression. Rien de plus énergique et de plus expéditif que les nouveaux tyrans de la commune. Celui qui le premier apporta la nouvelle de la chute des montagnards au 9 thermidor, fut empoigné à l'heure même comme coupable de trahison ; l'acte d'accusation fut dressé contre lui pour avoir jeté l'alarme dans la commune en colportant de fausses nouvelles, et il fut mis sous la surveillance d'un gendarme jusqu'au lendemain. Heureusement pour lui que la nouvelle se confirma.

Au commencement même de l'année suivante les terroristes ne pouvaient se désaccoutumer des actes arbitraires dont ils s'étaient fait une douce habitude. Le musicien Sigalla fut jeté en prison par le procureur de la commune, pour avoir refusé de mettre en musique et de jouer à l'anniversaire de la mort de Louis XVI une odieuse chanson faite sur l'exécution de ce prince infortuné. Mais le musicien cria sous les verroux; il envoya demander au conseil de la commune si le terrorisme était encore à l'ordre du jour, et le lendemain il fut relâché.

Cependant les Thermidoriens avaient essayé de rémédier aux maux du système précédent; ils avaient envoyé en province des représentants dont les missions pacifiques contribuèrent à rétablir le calme dans les esprits. Le représentant du peuple Gantois passa à Étain où il prit quelques mesures réparatrices.

On vit d'abord sortir de leurs retraites les personnes qui s'étaient cachées dans les bois; une trentaine de femmes et d'enfants tenus dans les prisons depuis plusieurs mois, furent rendus à la liberté. Leur retour fut une véritable fête pour toute la ville ; on respirait enfin plus à l'aise, et l'espoir d'un meilleur avenir ranimait tous les cœurs.

CHAPITRE IX.

Améliorations de 1795 à 1835. — Population, commerce, hommes distingués.

———◆———

L'époque du directoire et celle de l'empire sont pour la ville totalement dépourvues d'incidents. L'intérêt de la grande lutte soutenue contre l'Europe, absorbait tout le reste. Elle ne se révélait à Étain que par des passages d'armée et par l'épuisement de la population virile qui périt en grande partie sur les champs de bataille. Nous devons pourtant signaler quelques établissements utiles. Sous l'administration municipale de M. Marchant (1808), on fit construire une salle de théâtre à la place même où le club avait tenu séance, ce qui était fort convenable. Cette salle, que le conseil de la commune devrait peut-être tenir en meilleur état de réparation, et dont il sentirait mieux l'utilité si elle n'était pas faite, ne fut consentie par quelques membres du conseil que sous la promesse d'établir aussi un collège dont la nécessité n'était pas moins comprise. Cette idée fut réalisée le 8 novembre 1808. Trente personnes se réunirent en 1810, et achetèrent en commun la maison de M. Bulotte où il est placé aujourd'hui.

Sur la fin de l'empire, le typhus pénétra jusqu'à Étain, à la suite des blessés de Leipsick : plusieurs personnes en moururent.

En 1814, les étrangers occupèrent la ville pour la seconde fois depuis la révolution. Les cosaques de l'avant-garde furent repoussés le premier jour par une charge de vingt gendarmes, qui eut lieu dans la ville même, mais ils revinrent en force le lendemain.

A la seconde invasion, les étrangers occupèrent la ville pendant trois ans, et, aux calamités de cette occupation se joignit la grande famine de 1816.

Plusieurs fois Étain fut menacée du pillage et de l'incendie par les prussiens dont le souvenir est resté odieux aux habitans, et ce furent toujours les Russes qui s'y opposèrent. On les allait chercher comme des appuis dans les cas pressans.

Le passage des quinze ans de la restauration fut paisible et prospère ; il n'est guère marqué que par l'établissement de deux fontaines en avant de la grande place.

L'assainissement de la ville, la continuation du pavage des petites rues, des réverbères placés de distance en distance pour la première fois, et ce qui est bien plus important, la création d'une école primaire réunie au collège, ainsi que plusieurs autres améliorations, sont les fruits de la révolution de 1830.

On ne peut faire un crime à cette révolution, que de l'injuste destitution d'un juge de paix, dont l'unique soin depuis plus de vingt ans, était de maintenir le bon accord parmi les habitants. Une simple pétition de ceux-ci l'aurait conservé à ce poste honorable ; c'est une ingratitude de l'avoir négligé. Cet acte du reste est une des nombreuses bévues du ministère Dupont de l'Eure.

Le cholera-morbus enleva à Étain près de cent personnes en 1832 ; malgré cette perte, la population qui n'était que de 2440 individus en l'an XII (1804), était de 3034 individus en 1834, ce qui fait une différence de 594 personnes en plus : elle s'était donc accrue d'environ un cinquième en trente ans (9). Cette petite population est généralement sobre, économe et pleine d'activité. Son principal commerce consiste en grains ; elle a des manufactures de toiles de coton et des tanneries assez importantes. Il se tient par an à Étain deux foires assez considérables qui ne durent qu'un jour ; l'une au 10 du mois d'avril, l'autre au 18 du mois d'octobre.

Les seuls hommes distingués auxquelles la ville ait donné le jour, sont .

Le cardinal Guillaume HUIN, promoteur-général au concile de Bâle, dont nous avons parlé (p. 26).

HÉBERT, Jean-Baptiste, auteur d'un traité en latin sur l'art oratoire, imprimé à Paris en 1574.

PERRIN, Léonard, célèbre jésuite. Il naquit à Étain en 1565, et fit ses premières études à Paris. Il entra dans la société de Jésus, à Verdun, en 1580, et enseigna successivement les humanités à Paris, la rhétorique à Nevers. Il professa ensuite la philosophie et vint à Pont-à-Mousson en 1595, où il enseigna la théologie scolastique, et ensuite les saintes-lettres. On l'employa à réfuter par ses sermons les calvinistes qui cherchaient à se répandre dans le Barrois. Le collège de Pont-à-Mousson ayant manqué de professeur de rhétorique, il s'offrit d'y aller et devint, comme il le disait lui-même en plaisantant : *de consule rhetor.*

Il fut ensuite chargé de la théologie qu'il enseigna six ans, devint chancelier de l'Université pendant sept autres années, et enfin recteur du collège, qu'il gouverna en des temps très difficiles, pendant l'occupation de la Lorraine par les Français. Ceux-ci ayant expulsé les jésuites de Pont-à-Mousson, permirent au père Léonard Perrin d'y rester à cause de sa sainteté. On prétend que, par esprit de mortification, il ne se servait point de chaises dans sa chambre. Il mourut à Bésançon le 10 février 1638. Il a composé quelques ouvrages peu importants dont nous avons inséré les titres dans les notes (10).

Don Calmet parle aussi d'un certain Gilles d'Étain, docteur de Sorbonne, qui vivait au XV.ᵉ siècle, et sur lequel nous n'avons aucun renseignement.

FIN.

LISTE

des Maires de la ville d'Étain (*).

1542 Gérard Rampont.
1543 Claudin Grandjean.
1545 Jean Perin.
1549 Jean Poinsin.
1551 Jean Contant.
1552 Claude Grandjean.
1553 Gerard Rampont.
1555 Jean Bezon.
1561 Vincent Henrion.
1564 Jean Poinsin.
1566 Leclerc.

1567 Gerard Brunessaulx.
1568 François Quioulx.
1572 Rollin Guyot.
1573 Claude Grandjean.
1573 Didier Messin (orfèvre).
1674 Rollin Guyot.
1578 Didier Messin.
1579 Gerard Heinzelin.
1584 Gerard Quioulx.
1589 Baudin Thierry.
1590 Nicolas Rollin.

(*) La charge de maire ayant été annuelle jusqu'en 1707; on remarquera dans cette liste une foule d'omissions qu'il a été impossible de remplir.

1591 Warin Franquin.
1597 Claude Rollin.
1598 Jean Braconnier.
1599 Toussaint Petit.
1603 Jacques Quioulx.
1604 Jean d'Andenot.
1605 François Bonhomme.
1607 Étienne Bertrand.
1608 Didier Perrin.
1609 Jaquemin Heinzelin.
1612 Martin Lavignon.
1613 Guillaume Gravel.
1614 Humbert Quioulx.
1615 Jean de la Plume.
1616 Jean Godefrin.
1620 François Bonhomme.
1621 Didier Remoiville.
1622 François Simonin.
1623. Humbert Quioulx.
1628 François Lavignon.
1629 Jean Daron.
1630 Damien Lavignon.
1632 Heinzelin.
1633 Pierre Guyard.

De 1633 à 1656 la ville est plusieurs fois abandonnée ; dans cet intervalle, Jean Remoiville jeune, est deux fois maire.

1656 Frémy Hussenot.
1657 Jacques le Magnier.

1658 Jean Remoiville jeune.
1659 Pierre Russe.
1660 Henri Lamotte.
1661 François de Jarny.
1662 Jean Remoiville jeune.

. . . .

1665 Claude Poncelet.
1666 Henri Lamotte.
1667 Jean Houillon.
1667 Jacques Beaucart.
1668 Claude Poncelet.
1669 Henri Lamotte.
1672 Claude Rampont.
1673 Pierre le Grandidier.
1675 Pierre Russe.
1676 Jean Ganot.
1687 Jean Ganot.
1688 Nicolas Ganot.
1689 André de Jarny.
1690 André de Jarny.
1691 Frémy Henry.

. . . .

1697 Jean Ganot.
1698 Sébastien Lefondeur.
1699 François Lefondeur.
1700 Nicolas Châtillon.

. . . .

1705 Nicolas Châtillon.

En 1707, les charges municipales de Lorraine sont mises en finances par le duc Léopold;

l'hôtel-de-ville d'Étain n'est créé qu'en 1771.

. . . .

François Verdun, vers 1760 à 1789.

Jean-Baptiste Beguinet, 1790.

François Gérard (orfèvre), 1791.

Étienne Verdun, 1792.

Devillez jeune (prairial an 3), 1794.

Gabriel Carny (président de la commune an 3), 1794.

Antoine Dodo (22 floréal an 8), 1800.

Claude Oudot (6 nivôse an 10), 27 décembre 1801.

Marchand jeune. — 11 août 1806.

Laramée. — 10 mai 1813.

Le marquis de Nettancourt. — 22 septembre 1815, jusqu'à l'anné présente 1835.

9

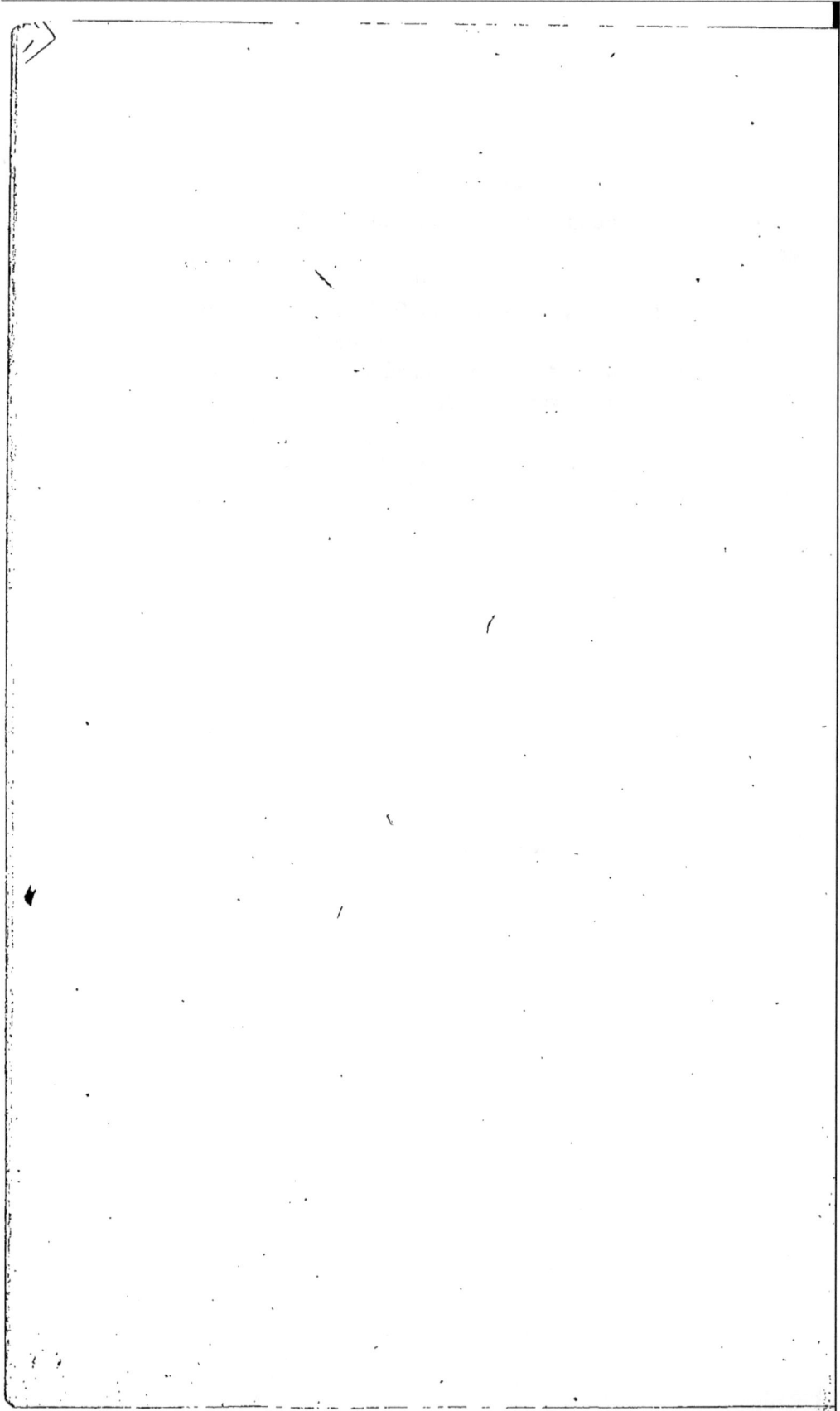

NOTES.

Note 1.re.

Warcq. en allemand, ouvrage et par extension, construction, habitation.

Badonfosse, nom d'un canton de terre et d'un endroit de la rivière; de *Baden,* all. bain, fosse du bain; cette étymologie peut aussi être regardée comme celtique.

Warwata, canton du finage, en le décomposant donne *War* ou *Warc* et *Wut,* de *Wasser, Water,* eau; ou rivière de Warcq.

Warinta et *Warmesa,* noms d'autres parties du finage, paraissent aussi appartenir aux idiômes germaniques, mais sont trop défigurés pour être reconnus.

Note 2.

Quatre familles formaient primitivement en Lorraine ce qu'on appelait la grande chevalerie de Lorraine; c'étaient les seigneurs de Lignéville, de Lenoncourt, de Haraucourt et du Chatelet; ils possédaient certaines prérogatives spéciales auxquelles cependant furent admis peu à peu la plupart des autres membres de la noblesse.

NOTE 3.

Siège de Damvillers par Henri II.

Voyage de Danuilliers. — **1552.**

Av retour du camp d'Allemagne, le roy Henry assiégea Danuilliers, et ceux du dedans ne se vouloyent rendre. Ils furent bien battus : la pouldre nous manqua, cependant tiroyent tousiours sur nos gens. Il y eut un coup de couleurine qui passa au trauers de la tente de monsieur de Rohan, qui donna contre la iambe d'un gentilhomme qui estait à sa suitte, qu'il me fallut paracheuer de couper qui fut sans appliquer les fers ardans.

Le roy manda quérir de la pouldre à Sedan, estant arriuée, on commença la batterie plus grande qu'auparavant, de façon qu'on feit brèche. Messieurs de Guise et le connestable estans à la chambre du roy luy dirent et conclurent, que le lendemain il fallait donner l'assaut, et estoyent asseurez qu'on entreroit dedans : et fallait tenir cela secret, de peur que l'ennemy n'en fust adverty, et promirent chacun de n'en parler à personne. Or il y auait vn valet de chambre du roy, qui s'estant couché dans son list de camp pour dormir entendit qu'on auoit résolu de donner le lendemain l'assaut. Subit le releua à vn certain capitaine et lui dict que pour certain le lendemain on donneroit l'assaut et l'auoit entendu du roy, et pria ledit càpitaine de n'en parler à personne, ce qu'il promit; mais sa promesse ne tint pas, et de ce pas s'en alla le déclarer à vn capitaine, et du capitaine à vn capitaine, et des capitaines à quelques-vns de leurs soldats disant tousiours : n'en dites pas mot. Cela fut si bien celé, que le lendemain du grand matin on voyait la plus grand'part des soldats, avec leurs rondiaches et leurs chausses coupées au genoüil, pour mieux monter à la brèche. Le roy fut adverty de ce bruit qui couroit parmy le camp, qu'on devoit donner l'assaut ; dont il fut fort esmerveillé, attendu qu'ils n'étoient que trois en cet aduis, qui auoyent promis l'vn à l'autre n'en parler à personne. Le Roi enuoya quérir Monsieur de Guise, pour sçauoir s'il n'auait point parlé de cet assaut : il luy iura et affirma qu'il ne l'auoit déclaré à personne. Autant en dist Monsieur le connestable, lequel dist au Roy qu'il failloit expressément sçavoir qui auoit déclaré ce conseil secret, attendu qu'il n'estoyent que trois. Inquisition fut faicte de capitaine en capitaine; enfin on trouua la vérité, car l'vn disoit ç'a esté vn tel qui me l'a dict : vn autre autant, tant que l'on vint au premier qui déclara l'auoir appris du valet de chambre du roy nommé Guyard, natif de Blois, fils d'un barbeir du défunct roy François. Le roy l'enuoya quérir en sa tente, en la présence de monsieur de Guise et de monsieur le connestable, pour entendre de luy d'où il tenoit et qui luy auoit dict qu'on deuoit donner cet assaut. Le roy luy dist que s'il ne disoit la vérité qu'il le feroit pendre. Alors il déclara qu'il s'estoit mis sous son lit pensant dormir ; l'ayant entendu l'auoit dict à un capitaine qui estoit de ses amis, afin qu'il se préparast auec ses soldats, d'aller les premiers à l'assaut. Alors le roy cogneut la vérité et luy dist que iamais ne s'en seruirait, et qu'il auait mérité le pendre, et que iamais plus il ne se trouuast à la cour. Mon valet de chambre s'en alla auec ce bonnet de nuict, et couchoit avec vn chirurgien ordinaire du roy, nommé maistre Louys de la Coste Saint-André : la nuict se donna six coups de cousteau et se coupa la gorge, sans que le dict chirurgien s'en apperceust iusques au matin qu'il trouua son lict tout ensanglanté et le corps mort auprès de luy, dont il fut fort esmerveillé de voir ce spectacle à son resueil, et eut peur qu'òn eust dict qu'il fut cause de ce meurtre. Mais subit fut deschargé, cognoisant la cause qui fut par un désespoir d'auoir perdu la bonne amitié du roy. Ledict Guyard fut enterré, et ceux de Danuilliers, lorsqu'ils veirent la brèche raisonnable pour entrer dedans, et les soldats préparer à l'assaut, se rendirent à la discrétiò du roy. Les chefs furent prisonniers et les soldats renuoyés sans armes. Le camp rompu, ie m'en retournay à Paris, auec mon gentilhomme auquel auois coupé la iambe : ie le pansay, et Dieu le guarit. Ie le renvoyoi en sa maison, gaillard, avec une iambe de bois : et se contentait disant qu'il en estoit quitte à bon marché, de n'auoir été misérablement bruslé pour lui estancher le sang somme escriuez en votre liure mon petit maistre.

Ambroise Paré, page 1204.

Note 4.

LETTRE du roi Henri IV à l'évêque de Verdun, au sujet des conférences tenues à Estain en faveur du chapitre de Verdun.

An 1603.

Mon cousin, voyant le terme approcher auxquels les députés de la conférence encommencée à Estain, ont convenu et accordé de se revcoir, et rassembler pour terminer ce qui s'iest proposé, je fais présentement partir le sieur président Myron, pour se rendre, à l'effet susdict, audict lieu d'Estain, afin qu'y étant à poinct nommé on cognoisse que je ne désire rien tant que son travail continuellement et incessamment à la résolution desdits différents ; je vous prie y tenir la bonne main, et y apporter ce que vous pourrez d'advancement et assistance pour ôter toute occasion de rentrer à l'advenir aux débatz et contentions qui se sont offerts de la part des officiers du Luxembourg, au préjudice entre autres du chapitre de votre eglise et de l'authorité de ma protection ; j'espère cependant me rendre presque au même temps que ledict sieur Myron, par de-là, partant présentement pour m'y acheminer, et mettray peine y estant d'apporter de plus prompte résolution à ceste affaire. Je prieray Dieu sur ce qu'il vous ayt, mon cousin, en saincte garde.

Escrit à Paris, ce neufviesme jour de febvrier mil six cent trois. *Signé* Henry, *et plus bas,* Potier.

Ex cod. M. Husson, *in Bibl. S. germ prat num.* 1642.

POPULATION D'ÉTAIN.

Liste des principaux bourgeois d'Étain au 16.ᵉ siècle (de 1543 à 1600) (*).

NOTE 9.

Quioult.

Rampont.

Grandjean.

* Jacques Ladouscet, (peut-être
  Ladouce). 1543.

Lebrasseur.

* Jean Gillet. 1543.

Bourgeois.

* Perrin Le Houppier. 1544.

* Jean Perrin. 1546.

Jacquelet.

Poinsin.

Constant.

Pirson.

Bouton.

Paquin.

Babin.

L'Héritier.

Robin.

Belpomme.

Philippe.

Le Magnier.

* Jehan Petit. 1564.

Lecuyer.

Billat.

Warion.

(*) Une étoile indique les bourgeois dont les familles ou au moins les noms subsistent encore dans la ville.

Bezon.

Henrion.

Leclerc.

Brunessaulx.

Guyot.

Messin.

* François Pont. 1549.

Heinzelin.

* Jean Thierry.

* Jean Giot. 1552.

* Nicolas Rollin. 1552.

Samson.

Regnard.

* Le Camus. 1579.

Massin.

Lehazard.

Coigneaux.

Gregoire.

Houillon.

Jacquemin.

D'Andenot.

Bouhomme.

Charton.

Simonin.

* Guillaume Ganot. de 1590 à
1600. — Échevin en 1603.

Dans le XVII.ₑ siècle, la distinction entre les hauts bourgeois et les autres habitants s'effaça presqu'entièrement. Entre
1600 et 1700 la population se renouvela au milieu des ravages
épouvantables de l'invasion française et de la guerre de trente
ans. Les anciens habitants qui échappèrent à la mort se réfu-
gièrent dans les campagnes voisines; les nouveaux forment encore aujourd'hui le fonds de la population de la ville. On en ju-
gera par la liste suivante de quelques familles avec la date où
l'on trouve pour la première fois leur existence sur les registres
de l'état civil.

1603 Legendre, Lambert, Genin, Laurent, Jacob.

1626 Tabouret.

1628 Huart, Moiniot, Rouyer, Trognon.

1630 Ladouce, Liégeois, Adam.

1632 Godfrin.

1634 Boulange.

1635 Helard, Carré, Bon, Martin.

Lacune dans les registres qui n'ont pas été tenus.

1660 Lamotte, Huet, Lesourd, Collignon, Parisot, Petitjean, Derouyn.

1667 Jeantin, Goussét.

1670 Blanchet, Watrin, Thomas.

1672 Chatillon.

1676 Thuot, Folliot.

1679 Fremy, Macé.

1680 Médard.

1683 Michelet.

1685 Beguinet, Marchand, Mercier, Lefondeur.

1689 Lamorlette.

1690 Collon, Pierre, Gérardin.

1696 Erard.

1699 Buvignier, Ronvaux.

1700 Desquilby, Briolet, Jennesson.

La liste des maires complète ces indications.

Il est à remarquer qu'au XVI.e siècle il n'y avait pas une seule famille à Étain qui appartînt à la noblesse; cela tient à ce que la commune était encore vassale en partie, du chapître de la Magdeleine de Verdun. Les nobles y affluèrent aussitôt que le bailliage y fut fondé en 1662, et sur-tout dans le courant du XVIII.e siècle. On y vit successivement MM. de Remenoncourt, de Rancé, des Armoises (*), Du Hautoy, de Briey, de Nettancourt, de Gournay-Raigecourt, de Maucomble, etc. dont les familles disparurent de nouveau à l'époque de la ré-volution.

(*) La rue habitée par la dernière marquise des Armoises, s'appelle encore le Marquisat.

NOTE 10.

Les principaux ouvrages de Léonard Perrin, sont :

Une épître imprimée en tête du second tome des commentaires du père Maldonat sur les évangiles imprimés à Pont-à-Mousson. 1597. in-folio.

2.º Deux oraisons funèbres, l'une en latin, l'autre en français, sur le trépas de Charles III, duc de Lorraine, et une troisième sur la mort de son fils Charles, cardinal de Lorraine. Impr. à Pont-à Mousson, 1608, in-8.º

3.º Pompa funebris et justa Carolo III, duci Lortharingiæ, persoluta æneis figuris expressa, in-folio expanso et latinè explicata ; ibidem.

4.º Communis vitæ inter homines scita urbanitas ; Mussiponti Caroli Marchand 1617 in-16, réimprimée plusieurs fois.

5.º Thrasonicæ Pauli Ferri metensi Calviniani ministri in specimine ab eo edito scolastici Orthodoxi, dispuncta castigataque amicè, Mussiponti apud Melchior Bernard.

6.º Sacra atque hilaria Mussipontana ob relato à Gregorio XV, in ecclesiasticum S. Album, Ignatium Loyolam et Franciscum Xaverium. Cet ouvrage composé en français par le père L. Rapi fut mis en latin par Léonard Perrin et imprimé à Pont-à-Mousson en 1623, in-4.º

7.º Vita sancti Nicolaï Myrrensis Episcopi, Lotharingiæ patroni collecta ex probatis auctoribus ; Mussiponti apud Johannem Appier Hanzelet. 1627, in-12. Composée par ordre du prince Nicolas-François de Lorraine, évêque de Toul.

ERRATA.

Page 6, ligne 1, *lisez :* La fin du VIIe siècle.....

Page 19, dans la note, *isez :* Ann. 1564.

Page 26, ligne 8, *lisez :* *Pagus Argonensis.*

Page 41, ligne 19. Dans la phrase qui concerne le duc de Guise, ce qui concerne le fils a été attribué au père; il faut retrancher les mots : Le Balafré, et le dernier membre de phrase : Qu'il avait autrefois défendue avec tant de valeur.

Page 76, ligne 19, *lisez :* Et les retinrent.....

Page 78, ligne 6, *lisez :* Au plus quarante habitants. Sur dix maisons, il y en avait à peine, etc.....

Page 86, ligne, *lisez :* les chevaux du Hanovre.

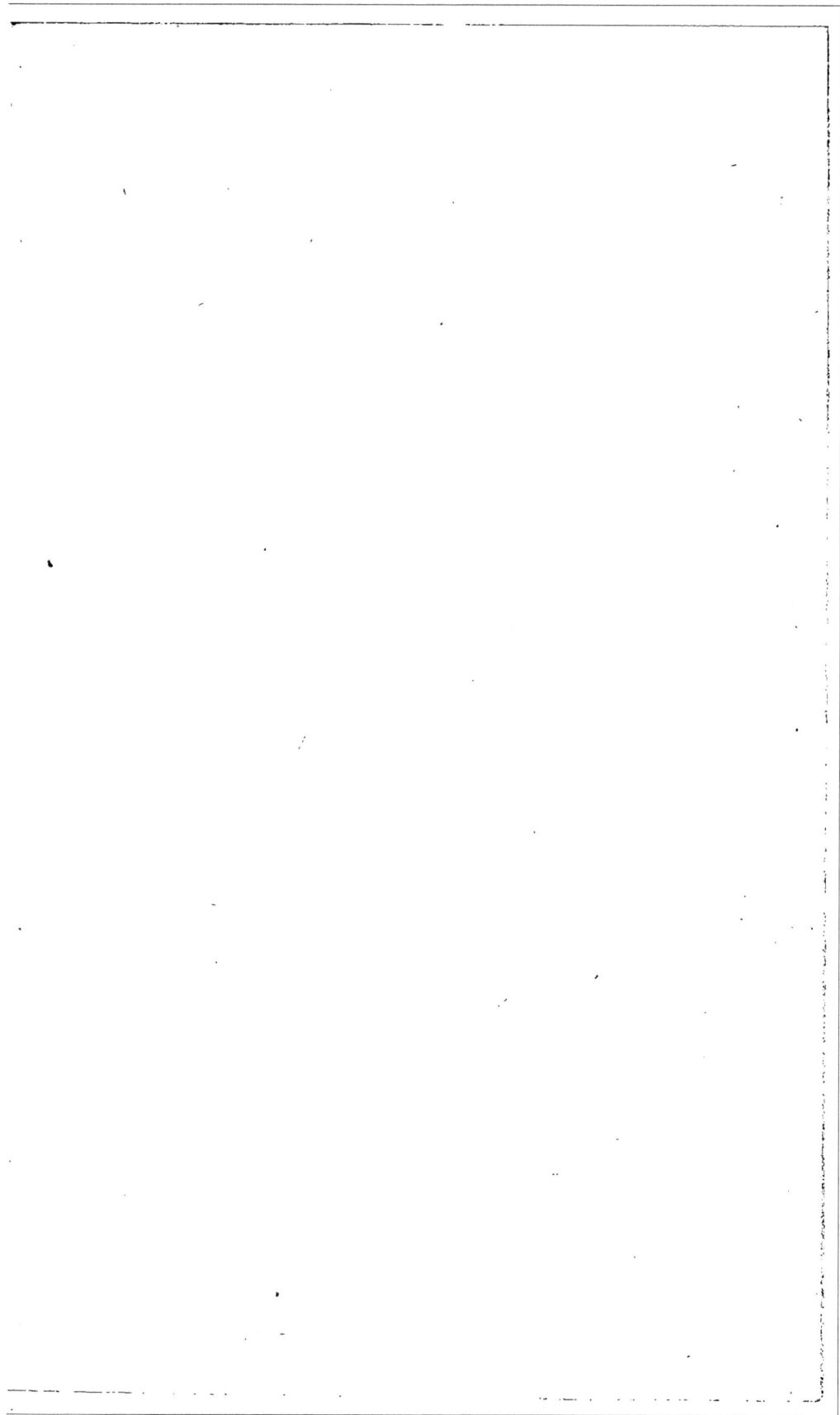

www.ingramcontent.com/pod-product-compliance
Lightning Source LLC
Chambersburg PA
CBHW071757090426
42737CB00012B/1853